交通行业高职高专规划教材

Gangkou Kuchang Yewu
港口库场业务

主编 李君楠 高 鹏 王有江
主审 刘祥柏

人民交通出版社股份有限公司
China Communications Press Co.,Ltd.

内 容 提 要

本教材以"注重基础、突出实践"为原则，在基础理论篇中着重介绍了港口库场及其管理组织、货物货垛管理、危险品库管理、仓储质押等内容，并围绕着库场工作程序编写了实训项目篇，设置了库场作业计划、出入库作业、配船、装卸船理货作业、账务管理、检算、衡重等工作任务，通过完成模拟任务来掌握库场作业流程及各作业内容和要求。

本教材以我国港口库场管理人员的工作任务为基础，理论和实践相结合，实用性较强。主要供港口库场业务人员和港口业务管理、物流管理等相关专业的学生参考、学习使用。

图书在版编目(CIP)数据

港口库场业务 / 李君楠,高鹏,王有江主编. —北京：人民交通出版社股份有限公司，2015.4（2025.5重印）
交通行业高职高专规划教材
ISBN 978-7-114-12112-8

Ⅰ. ①港… Ⅱ. ①李… ②高… ③王… Ⅲ. ①港口-货场-高等职业教育-教材 Ⅳ. ①U653.7

中国版本图书馆 CIP 数据核字(2015)第 054380 号

交通行业高职高专规划教材

书　　名：	港口库场业务
著 作 者：	李君楠　高鹏　王有江
责任编辑：	赵瑞琴
出版发行：	人民交通出版社股份有限公司
地　　址：	(100011)北京市朝阳区安定门外外馆斜街3号
网　　址：	http://www.ccpcl.com.cn
销售电话：	(010) 85285911
总 经 销：	人民交通出版社股份有限公司发行部
经　　销：	各地新华书店
印　　刷：	北京科印技术咨询服务有限公司数码印刷分部
开　　本：	787×1092　1/16
印　　张：	12.5
字　　数：	286千
版　　次：	2015年4月　第1版
印　　次：	2025年5月　第4次印刷
书　　号：	ISBN 978-7-114-12112-8
定　　价：	32.00元

(有印刷、装订质量问题的图书由本公司负责调换)

交通行业高职高专规划教材
编委会

主　　　任　宋士福

副 主 任　杨巨广

委　　　员　（以姓氏笔画为序）
　　　　　　仇桂玲　刘水国　刘俊泉　刘祥柏　苏本知
　　　　　　张来祥　周灌中

编写组成员　（以姓氏笔画为序）
　　　　　　王　峰　井延波　孙莉莉　李凤雷　李永刚
　　　　　　李君楠　吴广河　吴　文　佟黎明　张　阳
　　　　　　范素英　郑　渊　赵鲁克　郝　红　徐先弘
　　　　　　徐奎照　郭梅忠　谭　政

前　言

随着我国港口行业大力发展及进出口货物的品种多样化，作为国际物流链至关重要的一个环节，港口库场承担着货物的收发与保管、提高港口货物的疏运与货物周转的重要作用。为了使货损货差减少到最小限度，并满足港口生产需要，港口库场业务在港口企业的作用越来越显重要。进而对港口库场的管理要求，对库场管理人员的素质要求也越来越高。针对目前港口对库场业务管理人员的基本素质和基础业务要求，为了培养以动手操作能力为核心的专业技能，为港口提供应用型、技能型人才。我们编写了《港口库场业务》教材，供港口库场业务从业人员和相关专业的学生参考、学习使用。

本教材以"注重基础、突出实践"为原则，在基础理论篇中着重介绍了港口库场及其组织、库场设施设备管理、货物货垛管理、危险品库管理、质押监管业务等内容，并围绕着库场工作程序编写了实训项目篇，设置了库场作业计划、出入库作业、配船、装卸船理货作业、账务管理、检算、衡重等工作任务，通过完成模拟任务来掌握库场作业流程及各作业内容和要求。使培养的人才能够适应港口发展的需求。

本教材由李君楠主编，李君楠编写了基础理论篇的第一章、第五章、第六章、第七章、第八章，实训项目篇的项目一、项目二、项目三、项目四。基础理论篇的第二章、第三章，实训项目篇的项目五由高鹏编写。基础理论篇的第四章、第九章由王有江编写。

本教材在编写过程中参考了大量的书籍、文献等资料，在此对这些专家、学者表示深深的谢意。可能有的参考资料由于疏忽或者其他转载的原因没有列出出处，在此表示十分的歉意。

本教材在编写过程中得到了青岛港大港公司库场队各位同仁的帮助，在此对他们表示感谢。

由于编者水平有限，疏漏之处在所难免，在此敬请读者多提宝贵意见，以便再版时修改。

编者
2015 年 1 月

目　　录

第一部分　　基础理论篇

第一章　港口库场及其管理组织 …………………………………………… 3
第一节　港口库场 ……………………………………………………… 3
第二节　库场的管理与组织 …………………………………………… 7

第二章　库场运营指标 …………………………………………………… 10
第一节　库场技术指标 ………………………………………………… 10
第二节　库场运用指标 ………………………………………………… 12
第三节　库场定额管理 ………………………………………………… 15
第四节　库场货运统计报表 …………………………………………… 17

第三章　货物常识 ………………………………………………………… 19
第一节　货物的运输包装 ……………………………………………… 19
第二节　货物的标志 …………………………………………………… 22
第三节　货物保管 ……………………………………………………… 28

第四章　货垛管理 ………………………………………………………… 33
第一节　垛型和码垛标准 ……………………………………………… 33
第二节　货垛苫垫 ……………………………………………………… 40
第三节　货位图 ………………………………………………………… 42

第五章　库场工作程序 …………………………………………………… 45
第一节　出口货物库场工作程序 ……………………………………… 45
第二节　进口货物库场工作程序 ……………………………………… 47
第三节　火车作业库场工作程序 ……………………………………… 50

第六章　库场货运单证 …………………………………………………… 52
第一节　内贸货物运输合同与单证 …………………………………… 52
第二节　外贸货物运输单证 …………………………………………… 55
第三节　港口作业合同 ………………………………………………… 57
第四节　库场理货相关单证 …………………………………………… 58

第七章　危险品库管理 …………………………………………………… 60
第一节　人员、作业及设备设施管理 ………………………………… 60
第二节　危险品堆存管理及其应急处置 ……………………………… 63

第八章 仓储质押

第一节 仓储质押融资 ... 68

第二节 质押监管业务 ... 70

第三节 监管业务风险防范 ... 75

第九章 货运质量管理

第一节 水运企业的产品质量及其特性 ... 78

第二节 决定和影响货物质量的基本因素 ... 81

第三节 全面质量管理 ... 85

第四节 货运质量管理目标与货运事故 ... 89

第二部分 实训项目篇

项目一 库场作业计划编制及作业安排 ... 95

项目二 出口货物库场业务 ... 99

 子项目一 卸车入库业务 ... 99

 子项目二 卸车入库货物账务管理与配船 ... 104

 子项目三 装船理货作业 ... 107

项目三 进口货物库场业务 ... 113

 子项目一 卸船理货作业 ... 113

 子项目二 卸船入库货物账务管理 ... 123

 子项目三 出库装车业务 ... 125

项目四 检算业务 ... 128

项目五 货物衡重 ... 134

附 录

附录一 港口货物作业规则 ... 141

附录二 港口收费规则(外贸部分) ... 150

附录三 国内水路货物运输规则 ... 165

附录四 货物堆码苫盖标准(企业标准) ... 182

附录五 无法交付货物处理办法 ... 187

参考文献 ... 189

第一部分
基础理论篇

第一部分
基础理论篇

第一章　港口库场及其管理组织

第一节　港 口 库 场

港口库场是装卸和储存货物的主要场所,在整个水路货物运输过程中起着重要的衔接和调节作用。作为运输枢纽的港口,其生产能力是由码头泊位及相应的装卸能力、库场堆存能力和疏运能力共同组成的,这三种能力不论哪一种能力相对不足,就必然影响港口整体生产能力的发挥。

因此,加强库场管理,提高库场的堆存能力,对于降低货运成本、保证货运质量、提高港口企业的经济和社会效益,起着至关重要的作用。

一、港口库场概述

港口库场是指港口为保证货物换装作业正常进行,防止进出港口的货物灭失、损坏,而提供的用于储存与保管货物的仓库、货棚、堆场、货囤、筒仓、油槽(库)等建筑物的统称。

港口库场的作用主要有以下几个方面。

1.货物的集散

港口库场属于周转性库场。一般情况下,出口货物利用运输工具集港,在港口库场短期储存后装船;进口货物从船上卸进港区库场后,在向货物接收人交付或通过其他运输工具转运之前,在港口库场短期储存。

2.调节与缓冲

港口是各种运输工具的连接点。由于货流的不均衡性,进出港口的货物数量会出现一定的波动,而且进出货的时间和船舶的装卸时间不可能完全一致,即使是船舶与其他运输工具间的直装直取,也会由于种种原因出现衔接的问题。因此,为保证港口生产的连续性,港口必须提供相应的库场来进行缓冲和调节。

3.对货物进行运输处理

货物在装船前或向货物接收人交付前,需要进行必要的货运作业,如堆码垛作业、散货灌包、品质检验、验收分票、更换包装,以及为了保证进入库场的货物完整无损,需要对有些货物采取必要的技术措施。库场是进行这些作业和活动的主要场所。

4.存储保管货物

由于船舶的载货量远远大于车辆,海船大于内河船舶,为了保证各种运输工具的不间断连续作业,货物需要通过港口库场进行缓冲存储。出口装船货物需要先进栈存放集中装船;进口货物则在高速度卸船后暂时存放在库场,由运量小的疏运工具逐步提运。港口库场的临时存放货物的作用不同于以保存货物为目的的仓储业务,货物仓储时间可以有长有短,而港口库场则是以集散为目的,不适合货物的长期存放。

从上述港口库场的作用来看,港口库场的性质主要属于周转性的而非储存性的,这与一般工厂、商业部门的存储物料的仓库有所不同。港口库场管理的主要任务是:负责货物的收发、承担货物的保管;加强库场的疏运、确保库场的畅通。

二、港口库场的设施

(一)存储设施

1.按保管货物的技术和方法分类

库场设施按保管货物的技术和方法、建筑结构及用途的不同分为:仓库、货棚、堆场、水上仓库等。

(1)仓库

仓库一般为封闭的建筑物,具有防风雨、雪、潮、日晒的功能,用于存放需防潮、防湿、防晒的货物,如日用百货、纸制品、粮食、化肥等。按存放货物的种类分,有件货仓库、散货仓库、危险品仓库及冷藏库等;按其位置分,有前方仓库和后方仓库;按其特点分,有专用仓库、通用仓库、单层仓库与多层仓库等。库场仓库为了流动机械、车辆能在库内作业、通行,其建筑结构要求跨度大、净空高、库门宽。

(2)货棚

货棚又称为半露天库房,只有棚顶,四周不围蔽。货棚主要用于遮挡雨水和日间直射的阳光。货棚具有良好的通风和极为方便搬运堆装操作条件,适用于有挥发危险气体的货物和重大件货物的存放,港口较多存放和作业这类货物时可以建造固定式的货棚;而季节性使用的港口则可以设计成流动和可拆装的货棚,供雨季使用。由于货棚保管货物的条件不如仓库,方便作业又不如堆场,港口较少使用。

(3)堆场

堆场也称露天堆场。就是在平整的地面上直接堆放货物,再在货物上面遮盖的存货方法。堆场依据地面材料不同可以分为:天然地面、沙石地面、石板地面、木地面、柏油地面及水泥混凝土地面。为了防止地面积水浸泡货物,堆场货位一般做成高出地面(20~30cm)的平台,而为了操作方便和排泄积水的需要,每个平台都设成一定的长宽,如20m×10m,平台间留有一定的间隙。除化肥、粮食、水泥等专用码头和油港不使用堆场外,其他港口库场都使用堆场作为存放货物的重要场地。集装箱港口一般使用大面积无平台的堆场存放集装箱。

堆场用于存放不易被雨水、日晒损害的货物。为了更好地保护货物,存放在堆场的货物都使用帆布等遮盖物进行遮盖。港口繁忙期间,仓库库容不足时,常常将因雨水、日晒损害不大的临时存放的货物堆放在库场。

(4)水上仓库(囤船)

由于港口陆地可用于建造仓库的地方不多,在水面上以漂浮的方式或在水中围蔽水域的方法建造水上仓库,可以增加港口的存货能力。对于水路周转的货物,通过水上仓库的临时存放最方便换装。竹木排、原木在水面上集存是极为普遍的港口储存方法,也有利于货物保护、防止干裂。近年来,由于国际运输油轮的超大型化,许多港口因水深限制不能直接进港卸油,往往采用在深水区设立大型水面油库(超大型油轮)作为仓库转驳运油。

2.按堆存货物的要求分类

(1)综合性库场

是一种目前普遍采用的适宜于多类普通货物堆存的库场。凡是货物符合常规堆存要求,其本身特性既不受其他货物的影响,又不会给其他货物品质带来危害的,均可以通过合理安排进入库场内堆存。这类库场一般都比较大,货物进出频繁,使用率较高。

(2)专业性库场

在专业化泊位附近或者对需要特殊保管条件的货物、港口主要周转的特殊操作要求的货物,根据库场整体条件设置专业性库场。专业性库场是根据货物的特殊性质或货物运输要求所设置的专用于存放和进行一种或一类货物作业的库场。如危险货物库场、冷藏仓库、散粮筒仓是根据到港量大的货物需要专门作业的要求所设置的库场;煤炭、矿石材料、矿石、木材等大宗货物库场以及为铁路专用线服务的库场等。专业库场的设定根据货物的保管要求、作业需要、作业方法的特殊性等特殊因素来确定。专业性库场的布局是根据港口库场的总体情况、货物保管的条件、作业方法来确定的。如危险品仓就只能设置在边远位置;重货、散货堆场往往设在码头前方,直接用装卸机械进行操作;保税仓则设在海关检查站的附近。

3.按库场所处位置分类

沿着港口泊位垂直向陆地方向,把库场分为前方库场、后方库场。沿着铁路线设置月台库场。

(1)前方库场

港口库场靠近码头前沿的库场称为前方库场。前方库场是用来堆放就要装船的货物、船转船(转水)卸船货物以及不便搬运的卸船货物、重大件货物。前方库场最靠近泊位,极方便船舶的装卸作业,前方库场的货物周转率最高。堆放在前方堆场的货物都是即将要运走的货物,若计划改变货物不能及时装船,就要及时将其转运到后方堆场。前方库场既有仓库,也有堆场。

(2)后方库场

离码头前沿较远的库场,在装卸船时需要较远的搬运距离,不便于装卸船作业,因而后方库场用于存放需要在港口存放较长时间的货物,后方库场的进出货作业次数较少。

(3)月台库场

在有铁道线通到港区的港口,都建有装卸车厢的月台,月台的后方则为月台库场。月台库场沿着轨道建设,专用于准备装列车车厢的货物及从列车上卸下需在港口存放一段时期的货物。月台库场有仓库、堆场和货棚等形式。

(二)附属设施

(1)防汛设施

为防止潮汛、台风、暴雨的侵蚀而设置的设施。主要有:防汛墙、泵房、水泵、抽水机以及灌好沙石、泥土的沙袋等。

(2)防火设施

库场的防火设施主要有:消火栓、灭火器、沙箱(桶)、消防带等。现代化的仓库还配有化学灭火药品及喷淋设备。消防设备应放置在便于操作和取用的处所;消防龙头周围应设立防撞标志,并用鲜明油漆刷示;灭火器应定期检查和更换;消防给水设施应保证供水。

(3)计量设备

根据库场的使用性质和生产的需要,库场一般需要配备磅秤、汽车衡、轨道衡、电子秤等计量设备和器具。这些计量设备和器具必须经政府计量部门定期鉴定,合格后方可使用。

(4)排水系统

为保证库场及库场内货物的安全,库场排水必须快捷、彻底。排水设施主要有下水井、沉井、泵房、仓库泄水设施等。

(5)篷垫物品

篷垫物品主要有篷布、垫布、枕木、货盘等。当怕水湿货物临时堆放在露天货场上时,可使用篷垫物品采用"上盖下垫"的方法来保证货物的安全。港口一般情况下都应该保有一定数量的篷垫物品,其具体数量要根据怕水湿货物的通过能力和库场运用指标进行确定。对篷垫物品的收取、发放、检查、使用、维修、报废等工作要制订专门的管理制度,并配备一定的人员进行管理。

(6)抑尘设施

港口库场经常堆放一些散货如矿粉、氧化铝、硫磺等,以及从事散货的灌包作业等都会引起粉尘污染,这些粉尘物不仅危害环境,同时影响工人的身体健康,所以港口会设置一些抑尘设施,如轮胎清洗池、抑尘网、喷水、喷雾系统等。

三、库场使用原则

港口库场的使用必须遵循以下几个原则。

(一)库场使用的计划性

港口库场资源是有限的,而且其中堆存货物的随机性也较强,因此,港口库场在使用上必须体现出高度的计划性。首先,港口经营人必须按照与作业委托人的约定期限接收与交付货物,货物的接收与交付基本上都是在港口库场内进行的,必须要有相应的计划;其次,要根据港口昼夜生产计划(包括到发船舶计划、火车计划和灌包计划等)制订货物昼夜出入库计划,以保证货运生产的顺利进行。

(二)库场使用的科学性

所谓科学性,是指库场管理工作必须按照科学的方法来进行组织。首先,在库场管理人员中,必须有科学严密的分工,有明确的岗位责任制,切实做到"人有专责,人有专管"。其次,必须要有一套健全的库场管理制度、严格的交接手续、科学的保管方法,从而使库场的工作质量和货运质量都保持在一个较高水平。此外,还必须有一套科学的库场定额和指标,使货物布局合理,库场有效利用率高,保证港口通过能力的充分实现。

(三)港口库场的经济性

港口库场是港口生产不可或缺的重要环节,其使用管理的经济性直接影响着港口的经济效益。

1.提高单位面积货物堆存量

单位面积货物堆存量是测算库场通过能力的基础,同时也是影响库场使用效率的最直接的指标。单位面积的货物堆存量越大,库场的通过能力也就越大,库场的使用效率也就越

好;反之,单位面积的货物堆存量越小,库场的通过能力也越小,库场的使用效率也就越差。因此,合理安排货位,向空间要堆存能力,从而不断提高库场面积的有效利用率是摆在每一个库场管理工作者面前的一个十分重要的课题。

压缩非生产性库场,也是充分利用库场的有效措施。在港存货物经常居高不下、库场拥挤堵塞的情况下,把相当数量可以用于堆存货物的库场作为非生产性使用是很不合适的。

2.缩短货物在库场的堆存时间

库场单位面积货物堆存量与库场通过能力成正比,而货物在库场堆存时间的长短与库场通过能力成反比。即货物在库场的堆存时间越短,库场的通过能力就越大,通过库场吞吐货物的量就越多;反之,货物在库场堆存的时间越长,库场的通过能力就越小,通过库场吞吐货物的量就越少。因此,加快疏运、缩短货物在港堆存时间,是提高港口库场效益的重要途径。

3.提高货物收发保管质量

确保货物在收发保管过程中的质量,是港口库场的基本职责和要求。由于港口生产的复杂性和不确定性,稍有疏忽,就可能造成货损货差,给港口带来损失,因此,对货物正确地收发、妥善保管货物,确保货运质量,是提高库场效益的最基本也是最重要的方面。

(四)港口库场的安全性

港口库场的安全性主要考虑以下两个方面:

一是对于具有爆炸、易燃、有毒、腐蚀、放射性等性质的货物,作业委托人应当按照有关危险货物运输的规定妥善包装,制作危险品标志和标签,并将其正式名称和危害性质以及必要时应当采取的预防措施书面通知港口经营人。港口经营人按照《水路危险货物运输规则》的有关规定在库场内进行作业或堆存。如作业委托人未按要求通知或通知有误的,港口经营人可以在任何时间、任何地点根据情况需要停止作业、销毁货物或者使之不能为害,而不承担赔偿责任。作业委托人对港口经营人因作业此类货物所受到的损失,应当承担赔偿责任。港口经营人知道危险货物的性质并且已同意作业的,仍然可以在该项货物对港口设施、人员或者其他货物构成实际危险时,停止作业、销毁货物或者使之不能为害,而不承担赔偿责任。

二是库场有单位面积荷重使用定额,它是单位库场有效面积的最大承载能力。库场在使用过程中,单位面积的堆存重量不能超过其使用荷载,否则就可能危及库场及码头的安全。因此,库场工作人员要依据库场的单位面积荷重使用定额来测算、确定不同货种的堆码方式和堆码高度。

第二节 库场的管理与组织

一、库场组织

港口库场的作业和货物保管是港口生产的重要组成部分,库场工作的好坏直接影响到港口的生产质量和水平。库场管理的组织要根据港口的规模、特性和生产任务量,依据科学、高效、精简的企业管理原则进行安排和组织。

库场作为港口管理的一个组织,负责库场的使用和管理,货物的保管、交接。但对于不同特性、不同规模的港口,库场管理机构和队伍的地位有所不同,有着不同的组织方式和机构。如自动化程度很高的散装货物码头,库场的工作大都由机械直接完成,需要库场管理的工作较少,库场的地位相对较低。而大型杂货港口的货物堆存和保管工作则任务重、业务多,需要有较完善和分工细致的管理队伍和组织。规模小的港口则机构简单,人员少,且分工不细,一人多职。

目前在国内,港口库场有多种管理组织形式。有处在港区经理(作业区主任)直接领导下的总仓库长组织方式;有在港区业务部、货运部(科)、仓储公司领导下的分仓库长组织方式;有在装卸队或者机械队主任领导下的仓库组库场组织方式。

无论库场的地位怎样,库场的内部组织大都基本相同或相差不大。库场组织的一般设置如图 1-1-1 所示。

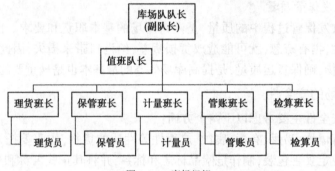

图 1-1-1　库场组织

二、库场管理目标

库场管理的基本目标有以下几个方面:

(1)建立切合实际的有效管理制度,对库场实行计划管理、标准化管理,使整个库场处于良好的管理状态。

(2)使用科学的管理方法,以充分利用库场的堆存能力,加速库场周转,扩大库场的通过能力,确保进出口货物畅通无阻。

(3)完善库场的货运作业,按照货运规章的要求,正确处理有关票证和单证,做好信息储存、查询和统计工作。

(4)采取正确的技术措施,完善库场保护货物的设施,以保证存库货物的完好无损。

为了实现上述库场管理的基本目标,把业务管理范围十分广泛而又繁杂的库场管理工作做好,必须做好以下几个方面的具体管理工作:

(1)库场堆存定额指标管理;

(2)库场计划管理;

(3)货物入库作业管理;

(4)堆码管理;

(5)库场货物的保管;

(6)货物出库作业管理;

(7)库场的安全管理；
(8)其他方面的管理。

三、库场日常管理工作

库场日常管理工作，主要有两方面内容。

(一)设施设备管理

(1)保证库场设施设备的有效性与高效性。

(2)要管好库场、用好库场，就必须随时掌握货物进出库场和堆放情况，合理使用库场，压缩货物在库场堆存期，加速库场周转，扩大库场通过能力。

(二)货物管理

管好货物的目的在于运好货物，库场的一切生产活动都是为了运好货物。因此，在库场日常管理工作中，应以提高货运质量为主要目标。

库场能否管得好、用得好，一般是通过库场的技术经济指标来考核的。

1.货账管理

货物进出库场，要保持原来的数量和质量，这是库场的基本职责。要了解货物在收发保管过程中的数量和质量，库场必须建立相应的台账，做到有货有账、货账相符。

2.货物的收发保管

做好货物的收发保管工作是确保货物数量和质量的重要一环，也是对库场人员工作的基本业务要求。库场货物的收发工作包括两个方面的内容：一是数量上的准确；二是质量上的查验。库场货物的保管，就是要确保货物在进出库过程中的原始状态和理化特性不发生变化。

3.地脚货、无法交付货物的管理

所谓地脚货，是指港口经营人在交付货物后经打扫而收集到的作业后残留货物。这些货物虽然可能数量并不大，但从性质上讲，所有权是属于货主的，所以应当尽可能地将收集的货物予以区分，做到物归原主，切实履行好交付义务。确实无法确定货主或者不能交还货主的，应当按无法交付货物的相关规定或者国家其他有关规定办理，但是不能将货物留归自己所有。

货物接收人逾期不提取货物的，港口经营人应当每10天催提一次，满30天货物接收人不提取或者找不到货物接收人，港口经营人应当通知作业委托人，作业委托人在港口经营人发出通知后30天内负责处理该批货物。作业委托人未在规定期限内处理货物的，港口经营人可以将该批货物作无法交付货物处理，按照国家经济委员会《关于港口、车站无法交付货物的处理办法》规定的处理程序对货物进行处置。

港口经营人交付货物的情况符合《中华人民共和国合同法》第一百零一条规定的条件时，港口经营人可以根据《中华人民共和国合同法》的规定将货物提存。

为了使货物收发准确无误，保管完整无损，库场人员除要强化工作责任心，严字当头，一丝不苟，并采取各种防范措施，确保货物安全以外，还应经常不断地研究和改进库场货运作业制度和方法，建立和完善货物收发保管制度，实行科学管理。

第二章　库场运营指标

指标，广义上讲是指用一定的名称、配合一定的单位对事物的特征进行综合说明的一定数字。在企业管理上，指标则是一组反映企业生产、经营状况及特征的信息。指标具有编制生产计划、考核和评价成绩、分析工作情况和查找薄弱环节、了解情况和指导工作、行业监督和制定政策依据等的作用。

港口库场指标就是用来表示港口库场的规模、存货能力、库场使用情况、货物周转情况、库场工作量、生产质量和劳动强度的数据信息。库场运营指标是反映港口企业的仓库和堆场运用情况的指标。建立各项库场运营指标的目的是：科学地评价库场使用状况、合理地制定库场作业计划、保障库场使用的安全，从而充分发挥库场的运营能力，不断提高库场效益。

库场工作人员应熟悉和掌握各项库场运营指标，并运用这些指标进行统计分析，及时发现和解决问题，使库场管理更加科学、规范。

库场运营指标可分为：库场技术（能力）指标和库场运用（使用情况）指标。

第一节　库场技术指标

一、库场总面积

库场总面积（$S_总$）是指仓库、堆场内部地面和楼面面积的总和。库场总面积不包括仓库墙壁的厚度，堆场上的道路面积。仓库面积是指墙内所拥有的面积；堆场面积是指不包括四周道路在内的堆场面积的总和。

库场总面积表示港口库场的整体规模大小，反映库场的存货能力。库场总面积在测定后一般不再变动。

二、库场有效面积

库场有效面积（$S_效$）是指库场实际可用于堆存货物的面积。即从库场总面积中减去墙距、垛距、通道、办公场地、消防设施、固定设备占位等所剩的面积。

三、库场的面积利用率

库场面积利用率即库场面积有效利用系数 E_S，是指库场有效面积与库场总面积之比值。其计算式为：

$$E_S = \frac{S_效}{S_总} \times 100\% \tag{1-2-1}$$

四、单位面积堆存技术定额

单位面积堆存技术定额（$P_设$）简称技术定额，是指单位库场有效面积堆放货物的最大设计承载能力,也就是单位库场有效面积的最大承载重量。技术定额是根据库场建筑结构情况确定的,每个库场都有其自身的技术定额,这个定额一般是由港口工程技术部门来测定的。库场建筑验收完毕,其堆存技术定额就已确定,并在库场上鲜明标示。只有在结构老化和结构改变后单位面积堆存技术定额才进行调整。堆存技术定额与设计堆存最大重量、库场有效面积之间关系为:

$$P_{设} = \frac{G_{设}}{S_{效}} \tag{1-2-2}$$

式中:$G_{设}$——设计堆存最大重量。

单位面积堆存技术定额是库场使用中的一项重要指标,它确定了堆场单位面积的最大货物存量。如果堆存的货物超过单位面积堆存技术定额,会对库场造成破坏,导致货物的灭失。特别是在楼层仓库会造成严重的安全问题。

五、单位面积堆存使用定额

单位面积堆存使用定额($P_{使}$)简称使用定额,是指在保证库场和货物安全的前提下,单位库场有效面积堆存的最大货物量。使用定额的最大值不能超过技术定额。单位面积堆存使用定额不仅决定于库场的技术定额,还决定于货物的种类和包装。它是根据货物种类、货物性质、包装形式以及堆存时间、堆码方式、周围环境来测算、确定的。不同类别、不同包装形式的货物有不同的堆存使用定额,有时同一类别、同一包装形式的货物因库场条件、堆码技术等因素的不同,使用定额也不一样。

单位面积堆存使用定额经常用于确定货物堆放高度。在利用港口库场堆存货物时,库场管理人员要及时了解货物的外观尺寸、体积重量以及库场的技术定额和使用定额;计算库场的有效面积及单位定额所允许的堆垛高度。在保证库场安全的前提下,不断提高库场的堆存能力。

例 1-2-1 某港 9 号堆场的单位面积堆存技术定额为 5 t/m²,用于堆放 0.8m(l)×0.8m(b)×0.8m(h)、每件重量(q)为 1t 的货物,货物外包装上注明限堆放 6 层。问在该堆场可以堆放几层该货物?货垛高度是多少?

解:限高 6 层的标注对地面产生的单位面积压力为:

$$P_{使} = \frac{6q}{bl} = \frac{6 \times 1}{0.8 \times 0.8} = 9.38(\text{t/m}^2)$$

该压力大于堆场的单位面积堆存技术定额,只能使用堆场的单位面积堆存技术定额 5t/m²作为单位面积堆存使用定额,即 $P_{使}$ 为 5t/m²。

货物堆高层数:

$$n = \frac{lbP_{使}}{q} = \frac{0.8 \times 0.8 \times 5}{1} = 3.2$$

该堆场允许堆放 3 层该货物。

货垛高度为: $0.8(h) \times 3 = 2.4(\text{m})$

六、仓容量

仓容量($Q_{容}$)又称一次堆存量,是指港口库场在同一面积的最大时间内所能安全堆存货物的最大吨数。它的大小取决于库场有效面积、单位面积堆存使用定额、货物种类、安全条件等。其计算式为：

$$Q_{容} = S_{效} P_{使} \tag{1-2-3}$$

因为仓容量指标由单位面积堆存使用定额确定，同一仓库或堆场堆存不同的货物时会有不同的仓容量。

仓容量是制定规划、编制计划和测算库场通过能力的主要依据。

七、平均仓容量

平均仓容量 $\bar{Q}$ 是指在报告期内每日仓容量之和的平均值。表示在报告期内，平均每天拥有的货物堆存能力。其计算式为：

$$\bar{Q} = \frac{\Sigma q}{d} \tag{1-2-4}$$

式中：Σq——报告期每日仓容量之和；

d——报告期日历天数。

八、库场通过能力

库场通过能力是指在一定时期内，货物经过库场周转的最大数量。库场通过能力的计算公式为：

库场通过能力 = 仓容量 × 报告期日历天数 ÷ 货物平均堆存期

运用库场通过能力的公式，可以确定库场工作所有指标的相互关系及数值，因此，库场通过能力这一指标既可视为库场技术指标，也可视为库场运用指标。

库场的通过能力决定着港口的通过能力，若库场的通过能力相对不足，就必然造成港口库场拥挤、堵塞，出现压车、压船、压货现象。提高港口库场通过能力的基本途径除拓宽港口库场、寻求库场面积量的增长以外，更主要的是要加强疏运工作，缩短货物的平均堆存期，加快库场的周转，不断提高库场的利用率。

第二节 库场运用指标

一、货物堆存量 Q

货物堆存量（堆存货物吨数）是指报告期内港口库场堆存货物的累积吨数。即统计期初结存货物吨数与统计期中进入仓库、堆场的货物吨数之和。它既是反映港口库场堆存量大小的指标，也是评价库场完成工作量大小的依据，是库场统计的基础指标。其计算式为：

$$Q = Q_{存} + Q_{入} \tag{1-2-5}$$

式中：$Q_{存}$——期初货物结存吨数；

$Q_{入}$——本期每日入库货物的累积吨数。

$Q_{存}$ 是指上期最后一天堆存在库场内的货物吨数。$Q_{入}$ 表示在统计期内货物进入库场的吨数的累计，包括卸船进库和卸车进库货物。

二、货物堆存吨天 Q_D

货物堆存吨天又称货物保管吨天,是指报告期内库场堆存货物的吨数与其堆存天数乘积的总和。即报告期内每天结存货物吨数与每天出库货物吨数之和。它和货物堆存量一样是库场统计的基础指标,单位为吨天,每吨货物堆存一天为一吨天。其计算式为:

$$Q_D = \Sigma(q_I d_I) \qquad (1\text{-}2\text{-}6)$$

式中:q_I——每批货物吨数;

d_I——该批货物堆存天数。

由于以上方法计算吨天数需要统计每批货物的堆存天数,在周转很频繁的库场基本上没有办法进行,可以用统计期中的每一天库场结存吨数与每天出库场货物吨数的累计数的方法计算。其公式表达为:

$$Q_D = \Sigma(Q_存 + Q_入 - Q_出) + \Sigma Q_出 \qquad (1\text{-}2\text{-}7)$$

式中:$Q_存$——每日期初存货吨数;

$Q_入$——每日入库货物吨数;

$Q_出$——每日出库货物吨数;

$\Sigma Q_出$——统计期每天出库货物吨数的总和。

这种方法计算时,可以采用编制日货物变化表的方式进行统计。

三、货物平均堆存期 $\bar{d}$

货物平均堆存期又称货物平均保管期,是指在统计期内每吨货物平均在港口库场堆存的时间。从货物进入库场当天开始算起至货物提离库场的当天为止,以天为单位。其计算式为:

$$\bar{d} = \frac{Q_D}{Q} \qquad (1\text{-}2\text{-}8)$$

货物平均堆存期指标直接反映港口库场使用和管理的实际情况。平均堆存期短,则说明货物周转速度快,库场疏运工作做得好;平均堆存期长说明货物在港积压,货物周转缓慢。为保证库场畅通,设备得到充分运用,就必须加快货物疏运,压缩货物在港的堆存期。

平均堆存期的统计受到统计期长短的影响,统计期越长所得到的数据越准确。

四、平均每天堆存吨数 $\bar{Q}$

平均每天堆存吨数是指在统计期内,平均每天在港口库场堆存货物的吨数。其计算方法为:

$$\bar{Q} = \frac{Q_D}{d} \qquad (1\text{-}2\text{-}9)$$

式中:Q_D——货物堆存吨天数;

d——统计期天数。

平均每天堆存吨数表示库场存货的程度,若平均每天堆存吨数接近库场仓容量,说明库场已接近饱和程度,很容易出现库场堵塞现象。

五、库场周转次数 N

库场周转次数(容量周转次数)是指统计期内库场容量平均堆存货物的次数。它反映库场使用的繁忙程度。周转次数越高,库场运用情况越好。周转次数达到统计期日历天数,则说明货物在港口只停留一天。它有两种计算方法:

(1)按时间计算的周转次数,是指报告期日历天数与货物平均堆存期之比,其计算式为:

$$N = \frac{d}{\bar{d}} \quad (1\text{-}2\text{-}10)$$

用这种方法计算得出的周转次数是库场在报告期内平均可使用的次数。

(2)按仓容量计算的周转次数,是指报告期内库场堆存货物的吨数与库场平均仓容量之比。其计算式为:

$$N = \frac{Q}{Q_{容}} \quad (1\text{-}2\text{-}11)$$

用这种方法计算得出的周转次数说明库场容量实际使用的频繁程度,反映库场的工作量。

六、库场利用率 K

库场利用率(仓容量利用率)是反映库场运用情况和容量利用程度的指标,是指在报告期内,平均每天堆存货物吨数与平均仓容量的比值。其计算式为:

$$K = \frac{Q_D}{Q_{容}d} \times 100\% \quad (1\text{-}2\text{-}12)$$

从上述公式可看出,库场利用率与货物堆存吨天数成正比,但货物堆存吨天数不一定和库场堆存货物的数量成正比。因此,不能用单一的库场利用率指标来评定库场使用情况的优劣。如货物堆存期长,堆存吨天数数值大,库场利用率就高。这种情况库场周转速度慢,是不可取的。只有在保证港口生产连续性和较高装卸效率的前提下,配合较短的平均堆存期或较大的周转次数,库场利用率越高,库场的经济效益就越好。

七、入库系数 $K_入$ 与入库不平衡系数 $K_不$

(1)入库系数是指通过库场堆存货物的数量与港口吞吐量的比值。是根据港口吞吐量确定仓库或堆场面积的重要参数,与货种、车船(和船船)直取作业的比重以及货运调度水平等有关。其计算式为:

$$入库系数 = \frac{进入库场货物的吨数}{港口吞吐量} \quad (1\text{-}2\text{-}13)$$

(2)入库不平衡系数是指最大的月份入库货物数量与平均每月的入库货物数量之比。它反映货物入库的不平衡程度。其计算式为:

$$入库不平衡系数 = \frac{最大的月份入库货物数量}{平均每月的入库货物数量} \quad (1\text{-}2\text{-}14)$$

入库系数及入库不平衡系数根据统计资料得出,是测算堆存工作量的依据,也是港口确定必需的仓容量的依据。

例 1-2-2 某港公司煤炭堆场的平均容量是 116 万 t,2014 年年初煤堆场结存是 87 万 t,本期进库 1096 万 t,本期出库是 1108 万 t,试问 2014 年年末该港公司期末结存是多少？煤堆场的周转次数是多少？

解：(1) 2014 年年末该港公司期末结存 = 期初结存 + 本期进库 − 本期出库 = 87 + 1096 − 1108 = 75 万 t

2014 年年末该港公司期末结存为 75 万 t。

(2) 堆存货物吨数 = 期初结存 + 本期进库 = 87 + 1096 = 1183 万 t

$$煤堆场的周转次数 = \frac{堆存货物吨数}{平均容量} = \frac{1183}{116} = 10(次)$$

该港公司煤堆场的周转次数是 10 次。

第三节　库场定额管理

定额管理是指利用定额来合理安排和使用人力、物力、财力的一种管理方法。实行定额管理,对于节约使用原材料,合理组织劳动,调动劳动者的积极性,提高设备利用率和劳动生产率,降低成本,提高经济效益,都有重要的作用。库场定额管理是指按定额来计划、组织、指挥、监督、调节库场作业的管理方法。

一、定额及其作用

定额是指在一定的生产技术条件下,企业在生产中人力、物力、财力的利用和消耗,生产质量应当遵守和达到的标准。主要有劳动生产定额、设备利用定额、资金使用定额、材料能耗定额等。此外,企业还可以针对不同的管理目的设置定额,因而定额种类很多。定额是企业实行科学管理的基础,其作用有：

(1) 定额是企业计划生产和组织生产的依据。

(2) 定额对降低生产成本、节约能源消耗、提高企业效益有极大的促进作用。

(3) 加强定额管理有利于提高劳动生产率,推广新技术,提高效率。

(4) 有效的定额管理会促进企业管理水平的提高。

(5) 定额是衡量员工贡献的依据,是按劳分配的依据。

二、定额的制定方法

(1) 经验估算法。这是一种最简单的定额制定方法。由企业的现场管理人员、操作人员、技术人员组成评定小组,根据企业多年来的生产情况及部门、个人的实践经验进行总结、分析、评定,估算数据作为定额。这种方法带有极强的个人主观意见,其科学性和准确性都不足。但由于直接来自于生产实践,对影响定额的非量化因素能够考虑,较好地反映了群众意见,因而这种方法有一定的参考价值。

(2) 统计分析法。又称为经验统计法。利用企业生产的历史资料进行分类分析统计、计算,采用介于最优和平均之间的平均先进数作为定额。该方法相对于经验估算法要科学、准

确得多,能够比较真实地反映企业在现有生产技术下的生产情况,方法简单,是定额制定的常用方法。与经验估算法一样,该方法是在现状的条件下所做的判定,只反映过去的工作组织和生产效率,是企业生产已达到的能力,所确定的定额较容易达到,其先进性具有很大的不足。

(3)技术查定法。通过设定测定定额的标准作业过程,尽量排除影响定额的主观因素和扣除非标准程序中的其他作业时间后,通过现场工作日写实记录与测时确定定额。技术查定法是最为科学、先进的定额确定方法。但该方法烦琐,条件设置困难,查定工作量很大,所获得的定额因作业过程不同适用性很差。但是对于作业单一的生产和作业,技术查定法显然是最适用、先进和有效的方法。

(4)综合制定法。结合技术查定法和统计分析法是综合确定定额的方法。通常有以技术查定法确定定额,以统计分析法调整定额进行使用;或者以技术查定法确定基本操作过程(标准程序)的定额,在非标准程序中结合统计分析法调整使用定额。综合制定法结合了具有先进性的技术查定法和方法简便的统计分析法的两种方法的优点,是定额制定的常用方法。

三、定额管理

定额是管理的基础依据,是科学化管理的基本方法。为了使库场管理工作有条有序,管理科学,应科学严肃地对库场生产的各个环节制订合理、先进的定额,并以定额为依据进行管理和作业考核,保证库场工作有条不紊地进行。库场定额种类很多,针对不同的作业、操作、管理业务都要有定额对应。主要有劳动生产率定额、库场使用定额、质量定额、经济效益定额、员工报酬分配定额等类别。

(1)劳动生产率定额是生产组织的基本依据,是确定劳动力投入量,确定生产作业时间的依据。

例1-2-3 某库场某日需进库1200t货物,该货物的库场作业劳动定额为80t/人·天,则需要的作业人员数为:

$$\frac{1200}{80} = 15(人)$$

这一天需要安排15名作业人员在该库场作业。

(2)库场堆存定额是用以确定库场堆存货物的数量或者需要多大的库场存放货物的依据。

例1-2-4 某库场现需入库2500t货物,该库场有剩余容量:1号仓库有200m²,2号仓库有300m²,该货物堆存使用定额为3.5t/m²。问:货物能否全部入库?若不能全部入库,还要安排多少平方米的堆场(该货物堆场使用定额为5t/m²)?

1号和2号仓库的堆存量为:

$$200 \times 3.5 + 300 \times 3.5 = 1750(t)$$

1号和2号仓库只能堆存1750t,货物不能全部入库,剩有:

$$2500 - 1750 = 750(t)$$

需要在堆场堆放750t货物,需要的堆场面积为:

$$\frac{750}{5} = 150 (\text{m}^2)$$

(3) 定额在考核和报酬确定中有重要作用。企业对生产部门生产任务完成的情况、质量水平的检查、生产经济效益的考核都是以定额为依据,达到定额的要求,表明工作任务完成得好;达不到定额要求就要分析问题,查找原因,提出改进意见和采取措施,使下一期生产能达到定额要求。

劳动报酬支付的定额是员工获得劳动报酬的依据。通常有两种计算方法:一种方法是规定工分报酬率,员工完成了多少劳动量,则得到相应工分量,用工分量乘以工分报酬率就得出报酬,这种方式也称为计件工资。另一种方式是制订个人或生产单位生产总量定额,当生产量达到定额,则员工获得标准报酬;超过定额,则给额外奖励或增加报酬;达不到定额,则扣减标准报酬。

(4) 定额的调整。定额是企业管理和生产组织的基础标准。以合理、标准、先进的原则制订定额后,企业要严格按定额管理,维护定额的严肃性和权威性。

由于定额的制定带有的主观因素和制定方法的缺陷,很难做到绝对公正,可能会出现定额太高而达不到或者太低容易达到、定额间对比不合理的现象。合理的定额对劳动生产率、经营管理水平的提高有极大的激励作用;不合理的定额会造成生产的混乱、打击员工的劳动积极性;长期不合理的定额会对企业造成严重的负面影响。企业应经常对定额进行审定,定期进行调整修订。交通运输部规定:除生产条件有较大变化和在执行期间突出的偏高、偏低,进行临时修改外,在正常的情况下,应一年修订一次。对正常定额的调整不应太大,除了生产条件发生大的变动,一般为95%～105%。

(5) 定额管理的难点。

①数据难定。数据难定的原因是:进行定额制定时,对定额确定人员要求比较高,由于涉及大多数人的利益问题,使难度增加。

②数据难齐。定额制定是一个跨部门的协调作业,由于涉及部门多,要整理一个产品的数据很难一时半会儿完成,往往需要经过反复的协调和核对才能把数据准备完成,增加企业管理成本。

③数据难变。产品制造定额是一个变量,是随着企业生产能力的提高,原材料市场、劳动力市场、设备新旧程度变化而变化的。但由于定额制订涉及部门多、牵涉利益多、协调难,制造定额要及时随着上述变化因素变化的难度也增加了。

④数据难找。由于定额管理没有专用的软件进行辅助,往往要从一大堆的文档中去查找一个数据,效率低下。而且数据难以及时更新,还存在查到的是一个过期了的错误数据的现象。

第四节　库场货运统计报表

库场货运统计报表是港口库场运用情况的记录,是在港货物动态的汇总,是港口各类生产计划编制的基础,是港口货运工作水平和库场繁忙程度的体现。

库场货运统计报表主要有:货物进、出、存库情况日报表,库场堆存情况报表,库场运用情况报表,港存货物日报表等。

一、货物进、出、存库情况日报表

货物进、出、存库情况日报表主要根据单船货物出入库记录、船舶理货记录和货物中转记录等编制。

对进口货物是分船名、货名,分疏运方式出库及库存情况的记录;对出口货物是分货主、船名、货名,分集港方式入库及库存情况的记录。它反映每天库场内货物的动态及各种货物的库存情况。

二、库场堆存情况报表

库场堆存情况报表是进口货物出库和出口货物入库数量的汇总表。一般分货类进行统计,分为日报和月报两种。

库场堆存情况日报表主要根据单船货物出入库记录、船舶理货记录和货物中转记录等编制。库场堆存情况月报表根据日报表汇总编制。

三、库场运用情况报表

库场运用情况报表是港口各项库场运用指标的汇总统计表。以月度和年度编报,反映库场运用的质量和水平。是对库场使用情况进行分析的主要依据。

库场运用情况报表根据库场堆存情况报表编制。

四、港存货物日报表

港存货物日报表是各种货物在港堆存总量的汇总表,反映货物在港堆存的总体情况和港口库场的使用程度。

第三章　货　物　常　识

港口库场的主要任务是收发保管疏运货物,同时在这个过程中存在对货物的装卸作业及运输处理和一些技术作业。因此,了解货物及其性质、包装、标志、装卸、保管、搬运、运输注意事项是必要的。

第一节　货物的运输包装

为在流通过程中保护产品,方便储运,促进销售,按一定技术方法采用的容器、材料及辅助物等的总体名称,称为货物的运输包装。货物运输包装的作用是:在流通过程中保护货物质量和数量的完整无损,便于货物的运输、装卸、交接、保管和成组化,加快货物的周转,促进生产和销售。货物的运输包装是进行运送、装卸、堆码等水运作业的重要依据。

一、货物运输包装的目的

(1)防止货物受水湿、破损、污染、变质等,确保货物质量完好。
(2)防止货物散落、泄漏、丢失、短缺,以求货物数量完整。
(3)防止货物本身的毒害或其他危险的扩散。
(4)便于货物的运输、装卸和堆码保管。
(5)便于理货、交接、计数。

二、货物运输包装的分类

(一)按包装的作用和部位,可分为外包装和内包装

(1)外包装:是指以防止货物受外界机械力量的冲撞、挤压或跌落等而造成破损或残缺,防止货物散落、撒漏和短缺,便于装卸、运输等为目的的包装,它位于货物的最外层。国内水运货物外包装的种类及要求如下。

①箱类包装:常见的有各种密木箱、花格木箱、纤维板(胶合板、刨花板、竹壁板)箱、纸箱、瓦楞纸箱、钙塑箱、铁箱等。
②捆(包)类:可分为捆扎和捆包两种。
③袋类包装:常见的有麻袋、布袋、塑料编织袋、纸袋、塑料袋及草袋等。
④桶类包装:常见的有金属桶(包括铝桶)、塑料桶、木桶、胶合板(纤维板)桶等。

(2)内包装:是指以防止货物受外界环境变化的受损、受污染、变质,能防潮、防振、防强烈异味感染等为目的包装,它置于外包装之内。内包装一般采用金属纸(如锡箔纸等)、玻璃纸、塑料袋、沥青纸、蜡纸等材料。此外,缓冲填塞材料也是内包装中很重要的组成部分,如瓦楞纸、碎纸条、木屑、泡沫塑料等。

(二)按包装的货件形式,可分为单件运输包装和集合运输包装(成组包装)

(1)单件运输包装:是指对在运输过程中作为一个计件单位的货物所做的包装。单件运输包装按类型有箱类包装、捆(包)类包装、袋类包装、桶类包装和其他类包装(如筐、篮、篓、坛)等。单件运输包装类型、中英文名称与缩写及适用货种见表1-3-1。

单件运输包装的类型、货种简况　　　　　　表1-3-1

中文名称	英文名称	缩写	适用货种
捆(包)类包装			
包	BALE	BL(S)	棉花、棉织品、羊毛品等
捆扎	BUNDLE	BDL(S)	五金钢材、胶合板等
铁皮包封	STEEL ENVELOP		铁皮、马口铁等
底架盘	SKID		马口铁、废铁片等
压缩捆包	PRESSED BALE	BL(S)	棉花、麻、羊毛等
麻布包	BURLAP JUTE CLOTH	BLP(S)	生丝、绸缎、籽棉等
包裹	PARCEL		样品、赠品、行李、邮件等
袋类包装			
袋	BAG	BG(S)	袋装总称
纤维袋	FIBRE BAG		化肥等
麻布袋	GUNNY BAG		谷物、豆、糖等
麻袋	JUTE BAG		山芋干、烤烟、辣椒干等
草袋	STRAW BAG		耐火砖、滑石粉等
纸袋	PAPER BAG		水泥、树脂等
牛皮纸袋	KRAFT BAG		化肥、石灰、水泥等
布袋	CLOTH BAG		面粉、滑石粉等
布袋	SACK	SK(S)	面粉、淀粉、糖等
聚乙烯袋	POLYETHYLENE BAG		化肥、纯碱等
小袋	POUCH		烟草、邮件等
桶类包装			
桶	DRUM	DRM(S)	桶装总称
铁桶	IRON DRUM		油类、染料、化学品等
纤维桶	FIBRE DRUM		化学药品等
塑料桶	PLASTIC DRUM		液体化工产品等
鼓形桶(琵琶桶)	BARREL	BRL(S)	肠衣、酒类等
木桶	CASK	CSK(S)	松脂、化学药品等
夹板桶	Plywood KEG		化学药品等
小木桶	KEG	KG(S)	小五金、油漆等
罐头桶	CAN	CN(S)	油漆等
听	TIN		猪肉、冰蛋、药品等
桶	TUB		酱、酱油等
手提桶	PAIL		油漆等
大木桶	HOGSHEAD	HGHD(S)	烟叶、油类等

(2)集合运输包装:是指将若干单件货物或散货组合成一个大单元的包装,亦即成组货的包装。集合运输包装的优点是:可以简化单件货物的内外包装,节约包装费用,提高装卸效率,加快船货周转,减少货损货差事故,降低运输费用等。集合运输包装的类型有托盘、网

络、集装袋和集装箱。其类型、中英文名称及适用货种见表1-3-2。

集合运输包装的类型、货种简况　　　　　表1-3-2

中文名称	英文名称	缩写	适用货种
托盘 （集装盘）	PALLET	PA(S)	袋、箱、筐、桶和裸装等形式的轻工、纺织、化工、矿产、土特产等种类繁多的货物
网络	NET FOR UNITIZED		袋装、捆装及散装货物。如袋装大米、化肥、玉米、豆类、饲料等，以及散装货物如生铁块等
集装袋（包）	CONTAINER BAG		粉粒状或晶体状货物。如食糖、豆类、水泥、矿粉、化肥、染料等
集装箱	CONTAINER		箱、袋、柄、托盘、吊挂及散装的轻工、纺织、手工艺、化工、土特产等种类繁多的货物

(三) 按包装材料的种类，可分为纸、纸板、木材、塑料、金属和其他多种类型的运输包装

(1) 纸和纸板包装：以各种包装用纸、箱板纸和瓦楞纸板等制作的包装。

(2) 木材包装：以各种木材、夹板、胶合板和纤维板等制作的包装。

(3) 塑料包装：以各种塑料薄膜、收缩薄膜、复合薄膜、塑料编织带和钙塑材料等制作的包装。

(4) 金属包装：以各种黑铁皮、镀锌铁皮、镀锡铁皮和塑料复合钢板等制作的包装。

(5) 其他包装：以其他包装材料（如棉麻织品、乳胶布、玻璃纤维布、玻璃、陶瓶和草竹柳等自然材料等）及辅助材料（如钢带、塑料带、铁丝捆扎材料、缓冲材料、黏结材料、黏合胶带材料等）制作的包装。

(四) 按货物的销路，可分为内销运输包装和外贸运输包装

(1) 内销运输包装：是指货物在国内流通的包装。它需符合内装货物的性质和国内流通环境（装卸、运送、堆放）的具体要求，对货物加以保护，避免货物受损。

(2) 外贸运输包装：是指发往国外的货物所需的包装。外贸运输一般运送距离长，装卸搬运次数多，流通环境变化大（如港口设施、装卸条件、自然气候等），所以运输包装应更加坚固。同时，还需符合运往国家和地区的习惯及包装要求等有关规定。

三、对货物运输包装验收的要求

认真检查货物运输包装状况，把牢进出港口货物运输包装的验收关，是运输中减少或避免货损货差，分清责任，提高货运质量的重要一环。验收货物运输包装的方法，一般以人的感官为主，运用"问、看、嗅、听、验"的方法进行。

货物运输包装发现有下列现象，应向货主提出整修，并在运输文件上加以批注签证。

(1) 木箱板上有经过钉眼的纵向裂缝或有易拔出的较大疖子。

(2) 桶、箱、捆、包等包装的全部或部分缺少三角铁或钢带、塑料带，钢带接头损坏，铅封脱落或裂断等。

(3) 搬动时包装内有破碎声音。

(4)包装上有漏渍、水渍、污渍。
(5)桶塞、听盖或桶缝有脱落、漏孔。
(6)袋装货的缝口过疏、不牢固,应缝双线的地方缝了单线、破包、散漏等。
(7)带有螺纹口的钢管或铁管的两头或一头,没有保护螺钉或未加防护包扎。
(8)包装上运输标志不齐全、模糊或脱落。

第二节　货物的标志

在按件托运的货物或运输包装上,用涂刷、印染、拴挂、粘贴等方法,以简单的图案、符号和文字制作特定的记号,称为货物的标志。俗称"唛头"(MARK)。

货物标志的作用是便于运输中工作人员识别和辨认货物,以利于货物的装运、分票、清点、交接,避免错发、错运、错交;同时,显示出货物的重量、尺码、性质和注意事项等,在装卸搬运中,可指示工作人员正确操作,以保证货物的完整和人身及运输工具的安全。

货物标志由发货人制作,要求简要、清晰、正确、完整。标志在货物或包装的两面或两端部位明显处,尺寸大小适当。使用的材料应牢固、耐久,使用的颜料应具有耐温、耐晒、耐摩擦和不溶于水的性能,不致发生脱落、褪色或模糊不清的现象,能适合水上运输的特点,并符合国内和国际的有关规定。具有吸味性货物、易自燃的货物,如食糖、棉花等,禁用油漆制作运输标志,以免引起串味、污染和自燃等不良后果。

货物标志的种类按表达形式分为图案标志、文字标志和图文组合标志。图案标志醒目易懂,对不同文字和不同语言的地区及国家,有其特殊的作用。文字标志用字简短、口语化,表达清楚明了。图文组合标志兼有两者的优点。货物标志按其用途分为运输标志、包装储运指示标志、危险货物标志和原产国标志四种。

一、运输标志

运输标志是为运输全过程中便于对货物的识别和辨认的需要而制作的。它便于运输部门工作人员在运输过程中,借助运输标志,将货件与票据相对照,认定收(发)货人,进行理货、装卸、交接、查核等直至把货物正确运交收货人。它是防止错运、错转、错交以及产生无法交付货物的重要条件。在国际贸易中,运输标志也是核对单证、货物并使单货相符以利于加快货物运输的一个关键性问题。运输标志又可分为主标志和副标志。

(一)主标志

它是货物运输标志的主体,也是货物运输中识别同批货物的基本标志。主标志通常由货主自选,以简单、明显的几何图形(如三角形、圆形、菱形等)配以文字表示。外贸进出口货物主标志的文字内容一般以收(发)货人名称的代号或缩写、贸易合同的编号、合约号、订单号或信用证的编号等表示。国内货物主标志的文字内容一般是收(发)货人的简称,图文组成的主标志又称发货符号或发货标志,主标志也可用运输号码代替。货物主标志在装货单、提单、运单、舱单等运输文件上均应全部记载它的内容。

图1-3-1中三角形是发货人自选的图形,字母是收货人名称的缩写。

目前国际通行的运输标志包括:收货人或买方名称的英文缩写字母或简称;参考号,如运单号、订单号或发货票号;目的地及件号四项内容。

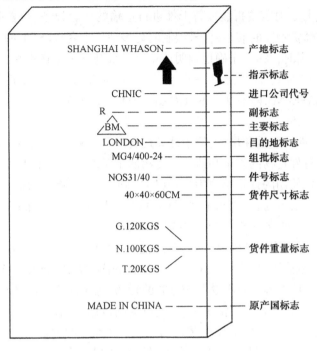

图1-3-1 外贸货的标志图例

(二)副标志

它是对主标志的补充,又称辅助标志、附属标志。用于表明货物的重量、尺码、运往地以及区分同一大批货物中的几个小批或不同的品质、等级、规格等。其内容一般包括目的港、货物的批号及件号、包件的尺码和重量等。货物副标志在装货单、提单、运单、舱单等运输文件上可根据需要抄录全部或部分。外贸货运输标志的副标志一般有以下内容。

1.目的港

它是用来表示货物运往的目的地,必须用文字直接写出到达港的全名,不得使用简称、缩写或代号。中转货物如有必要,可写上中转的换装港或地名。没有目的港的外贸货物、海关一般不予放行。

2.件号

它是用来辅助主标志区分货组和计算包件的数量。件号编制形式通常有如下几种。

(1)按货件编制顺序号。不允许有重号、错号或漏号。箱号、桶号等可在顺序号前面加以说明。如一批货物共20箱,逐件编为C/NO.1(2,3,…,20)。

(2)按货组编制统号。对品质、规格相同的大批量货物,为了减少麻烦可编制统号。编制统号还可用于区分同批货物内的不同品种、规格。如一批货物共200袋,以100件为一组,两组货物的货件上可分别标上 BAGS NO.1/100,BAGS NO.101/200,或表示为 BAGS NO.1-100,BAGS NO.101-200。

(3)按货件编制组合号。为了方便运输过程中点数、验收、交接,货件上可将件号、总件号、批号组合编制在一起。如 CASE NO.4/20-10,表示该票货物系第10批,该批货物共20

箱,此件是第4箱。

(4)按套编制套号。对需要拆装成若干件进行运输的成套设备、仪器等货物,为保证其成套的完整性,若多套货物同时装运,件号编制时可增加一个套号(SET NUMBER)。一箱一号,便于发生溢短、残损时,及时、正确地判明该箱号。编制方法是在件号前面增加一个套号以表示其成套性。如对其中一套设备拆装成3箱编为第一套,逐件编为 SET.CASE/NO.(1)-1/3,SET.CASE/NO.(1)-2/3,SET.CASE/NO.(1)-3/3。

3.货物的重量和尺码

它是用来显示货件的重量和尺码,便于计算运费、积载、装卸和堆存。尤其对笨重、长大件货物,须准确标明每件货物的重量和体积。货物的重量通常标明毛重(GROSS WEIGHT)、净重(NET WEIGHT),使用的计重单位为公斤(kg)、吨(t)。货物的尺码应为外包装或裸装货件外形的最大尺寸,表示为长×宽×高,也可标明其体积。应标明所用长度单位,如米(m)、厘米(cm);或体积单位,如立方米(m^3)、立方厘米(cm^3)。

国内货物运输标志的副标志内容包括:起运港、到达港、收货人、货名、总件数等。在某些直达航线和一条龙运输线上,常可采用"一标三用"的简明标志,即用一个标志表示发货符号、到达港和收货人三项内容。对不易制作标志的货物,应用油漆等涂料在货件上制作简明的发货符号。国内货物在符合下列情况之一者,可免制运输标志。

(1)同一托运人、收货人,整船、整舱装运的原船直达运输的货物。

(2)使用原包装出口,到口岸不再变换包装的外贸出口货物。

(3)从外包装能识别于同品名、同规格、同包装,而且是一张运单托运的件数超过100件以上的货物(水陆联运零担货物除外)。

库场管理人员对货物运输标志的验收须严格把关。出口货物发现运输标志粘贴不牢、内容不完整、字迹模糊不清或旧包装上的原标志未清除掉时,应退回由托运人进行订正、整理或更换,然后再验收。进口货物发现运输标志与舱单的抄录不符合时,应以货物上标明的运输标志为准。运输标志脱落、模糊不清或无法辨认时,可作无唛货物处理。货物交付时,如发现运输标志失落,难以判认或内容不符合,须经查实无误后方可交付或转出。

二、包装储运指示标志

包装储运指示标志,简称指示标志。按国内或国际的规定,以特定的图案或简短说明文字表示。其作用是反映货件特点,提醒人们在装卸、保管等过程中应注意的事项,以确保货物的安全,故又称注意标志。

指示标志应按有关规定(如包装要求)使用,注意防止乱用的倾向,乱用指示标志会带来极其恶劣的影响。同样,对于有指示标志的货物,装卸人员应充分重视,认真按所贴标志进行操作。

我国于1974年7月颁布和施行了《包装储运指示标志》的国家标准图案(表1-3-3),其中"由此起吊""由此开启"和"重心点"应标示在货物外包装的实际位置上。在外贸进出口货物中,已形成了以普遍通用的图案作标记的指示标志,其图案和文字指示标志常见的有如下几种。

常见指示标志图案和文字   表 1-3-3

序号	标志名称	标志图形	含义
1	易碎物品		运输包装件内装易碎品,因此搬运时应小心轻放
2	禁用手钩		搬运运输包装件时禁用手钩
3	向上		表明运输包装件的正确位置是竖直向上
4	怕晒		表明运输包装件不能直接照晒
5	怕辐射		包装物品一旦受辐射便会完全变质或损坏
6	怕雨		包装件怕雨淋
7	重心		表明一个单元货物的重心
8	禁止翻滚		不能翻滚运输包装

续上表

序号	标志名称	标志图形	含 义
9	此面禁用手推车		搬运货物时此面禁放手推车
10	禁用叉车		不能用升降叉车搬运的包装件
11	由此夹起		表明装运货物时夹钳放置的位置
12	此处不能卡夹		表明装卸货物时此处不能用夹钳夹持
13	堆码重量极限	Kg_{max}	表明该运输包装件所能承受的最大重量极限
14	堆码层数极限	n	相同包装的最大堆码层数,n 表示层数极限
15	禁止堆码		该包装件不能堆码并且其上也不能放置其他负载
16	由此吊起		起吊货物时挂链条的位置

续上表

序号	标志名称	标志图形	含 义
17	温度极限		表明运输包装件应该保持的温度极限

三、危险货物标志

为了保证危险货物在运输中被迅速识别,将危险货物的潜在危险性充分地告诉给运输过程中可能与该货物接触的所有人员,提高警惕,以防发生危险,并在一旦发生事故时,能迅速识别决定采取应急措施。因此,危险货物的正确标记是一项不可忽视的工作。通常采用的措施是使用特别的包件标记和标志表明货物的危险性、正确的运输名称及联合国编号;把有关的资料填写在运输单证上;在运输装置上挂标牌。

危险货物标志是在具有燃烧、爆炸、腐蚀、放射性等危险性货物的外包装上用特定的文字和符号做的专门标志。用以说明货物系易燃、易爆、有毒、腐蚀性或放射性等危险性货物。

国内水运危险货物适用国家标准《危险货物包装标志》(GB 190—90);国际海上危险货物标志参照国际海事组织(IMO)所制定的《国际海运危险货物规则》。

四、原产国标志

原产国标志是国际贸易中特殊需要的一种出口标志。它是标注在货物包装上的制造国国名,必要时还需提供产地证明书以产地证来确定来源国。它不仅是为了海关查验的需要,而且有的国家用法律强制规定需要检查这种标志。其原因有:

(1)识别货物的制造出口国家,树立商品制造国家的商品信誉。

(2)许多国家实行贸易互惠原则或贸易歧视政策,对来自不同国家的进口货物,规定不同的关税税率。

(3)有些国家限制某一国家的货物进口,以防止被禁止进口的国家货物假冒其他国家的货物进口。

(4)大多数国家为保障其本国利益和市场管理,有利于国内产品生产发展,防止进口货与本国货混淆等。

大多数国家对原产国标志实行严格的检查,对不符合规定的进口货物要处以罚款或加补原产国标志后,才允许进口。因此,在外贸货物的外包装上需标明这种制造国标志。我国规定出口货物一般都要注明"中华人民共和国制造"或"中国制造",也有加注产区或企业名,如"中国上海""中国粮油进出口公司"等。

货物标志的种类,在使用中可以根据货物合同规定、包装形式和运输规则等综合制作,适当增减。但是,运输标志、外贸货物原产国标志的内容必须具备。

第三节　货物保管

库场货物保管是库场管理中的一项重要的工作,是库场中防止货物发生损害,及时发现遗漏、错提错装和充分利用库场容量的重要工作,是库场人员的一项重要的基本工作。在库场中无论是专职的保管员,还是负责理货、收发货交接员等都要对货物的保管承担责任。货物保管是一项细致、严格的工作,需要有高度的责任感、细心、认真和勇于克服困难的精神,需要对货物保管工作有足够的专业知识,严格遵守规章制度。

一、检查和核查货物

1.检查库场状况和库场使用情况

库场管理员或者轮班管理员经常全面地检查区内所有库场和货物。检查库场建筑结构、门窗、电气电路、标志、告示牌等,及时发现不良情况,并及时报告记录,以便尽快安排维修或避免使用。根据库场货物堆存资料查对货位的使用情况,防止出错。做好货位图资料的更新。联系通知安排库场内的卫生、散落货物收集、用具收整等库场服务工作。

2.检查货物情况

管理人员要巡查所有在库场存放的货物,检查货物状态、货垛状态。发现货物理化性质发生变化、发热、变味、湿污损、货垛移位、倒垛塌垛、散落、破包撒漏等要及时汇报,以便库场及时采取措施避免或减少货物损害。检查货垛牌的张挂情况,遗失或损坏及时补制。查对正在作业中的货物,防止错提、错运、错堆。

3.核查货物情况

库场应定期对场内货物进行核查、盘点,核对货物数量,查验货物状态。发现货物数量不符及时查对、安排查找。货物有损害现象及时通知货主处理。有遗漏货物或者超期存放的货物,做好催提、补发工作。对长期不能提取的货物要安排调整到后方库场存放。

二、防潮防湿管理

防止货物湿损不仅是在货物堆存计划制订、货位选择时的一项重要的原则,而且也是货物保管中的一项重要工作。

1.防止雨水渗透湿损货物

场地货物必须做好上盖下垫,确保苫盖的密封和牢固。货物堆垛完毕及时苫盖。在下雨之前要认真检查货物的苫盖,必要时安排加盖或加固,更换破损苫盖。下雨中要关闭仓库门窗,检查仓库是否会发生渗漏,特别是老旧仓库,必要时对货垛进行苫盖或部分苫盖。下雨后要及时排除苫盖上的积水,防止雨水渗漏进货垛。

2.防止积水湿损货物

下雨前和下雨时要安排人员全面认真地检查和疏通库场的排水管道、沟渠,避免积水。仓库内出现积水时要及时安排清扫。雨天作业时注意车辆、机械的作业线路安排,防止带水入仓湿货。

三、防火

防火不仅是库场货物保管的一项重要工作,也是港口安全管理的头等大事。库场防火是港口防火工作的中心环节,要制度性、系统性地做好防火工作。制订严格的库场防火、防爆制度、日常防火制度,并严格监督执行。

采取坚决、有效的措施防止火种入库。库场内严禁吸烟,明火作业要经严格的审查程序审批并严格执行防护措施,一切机械均要有防火星装置方可进港入库。

专人经常检查易自燃的货物(粮食、鱼骨粉、棉花、化纤等)的温度,有无发热,发现发热时要及时采取加强通风、揭盖通风、翻仓等降温措施,防止自燃。

四、其他保管工作

库场货物保管是港口货物作业的一个重要的方面,库场除做好货物检查、核查、防潮防湿、防火的基本保管工作外,还要针对不同货物的保管特性,采取相应措施,做好货物在港在库的保管工作。

1. 防污

针对清洁货物需要重点做好防止货物被脏污的工作。在货物堆垛前做好货位的清洁,堆垛后做好苫盖,特别是在作业其他污秽货物时,要对清洁货物进行清洁苫盖。防污工作还包括对污秽货物的防污保管,防止其对其他货物造成污染。

2. 防虫鼠害

对会受虫鼠损害的货物,要经常检查有无虫害,是否有鼠迹出现。发现虫鼠危害及时采取杀虫灭鼠的工作,必要时采用薰仓的方法。

3. 货物保鲜

对水果蔬菜等新鲜货物要注意货物的保鲜保管,控制货物湿度,防止日晒。在冷藏库还要控制室内温度,确保处在适合货物保管的温度。保证冷藏车、箱的供电正常。

4. 危险货物的保管

对危险货物严格遵守危险货物保管的规章制度,加强检查督促,防止发生危害。

五、常见货物的保管要求

库场常见货物及其性质、作业注意事项(表1-3-4)。

常见货物的性质及运输、装卸、保管注意事项　　　表1-3-4

序号	货种	货物性质	运输、装卸和保管注意事项
1	棉花	吸湿性 怕酸性 染尘性 易燃性 保温性 自燃性	(1)装载或存放棉花的场所严禁携带火种;不准在现场使用明火灯具及电焊作业;库内的电气设备、电源线路应完好;流动机械进入棉花作业区域要加设排气防火罩;装卸时禁止使用钢丝绳吊具,吊货钩不得挂到棉包的铁皮上 (2)棉花堆码时,棉花不能与酸类、油脂、湿货、染料、易燃货等混堆 (3)装卸时禁止用手钩。不可将棉包在地上任意翻滚,以免造成破包、污损。雨雪天不得进行装卸作业 (4)棉花不宜存放露天货场,临时存放要下垫上盖严密。堆放时应做到分品级、分批号、分标志,便于清点交接

续上表

序号	货种	货物性质	运输、装卸和保管注意事项
2	天然橡胶	溶解性 易燃性 老化性 腐败性 吸湿性 热变性 散发异味性	(1)库内要求清洁、干燥。衬垫物料要清洁、干燥、无油污 (2)橡胶有弹性,装卸时不可从高处向下扔或滑落,以免伤人或落水。严防各种火源。浓缩胶乳腐败时能分解出有毒气体,装卸时应注意通风 (3)装运时应按不同品种、等级、标志及收货单位分隔清楚,防止混票混货。进口天然橡胶理货时,要会同有关部门按票取出样品胶件 (4)橡胶保管要避免日晒、高温、潮湿环境,不宜露天堆存。应按不同品种、等级分别堆放。堆垛不宜过高,注意稳固,防止倒塌,对发霉胶件要分开堆放,以免受细菌感染
3	玻璃	脆性 热稳定性差 耐碱性差	(1)玻璃及其他玻璃制品,应仔细检查运输包装是否符合要求。对箱装不固、脱底裂开、碎屑外漏及箱内无衬垫,须进行妥善处理。发现玻璃有裂纹、受潮、包装内有破碎声及木箱断板等情况应编制记录 (2)装卸时应轻搬放正,避免碰撞,机械作业要稳铲、稳吊、稳放,避免机械金属部位、钢丝绳等直接接触玻璃,不能使用滑槽、皮带机进行作业。 (3)按品种、规格做好分隔工作。库存堆码时不能过高,玻璃制品堆码高度一般在2.5m,纸箱保温瓶堆6~7个箱高,堆垛必须稳固,骑缝交叉,防止倒垛
4	金属及其制品	积载因数小 锈蚀性 易变形	(1)货物要堆码紧密整齐,用衬垫物、木楔等垫牢卡稳,在上面压装其他货物。卷钢易于滚动,应特别注意堆积的稳固,用骑缝方法堆高,做好衬垫加固工作。钢轨应采取平扣(又称仰伏交错)方法堆码,这样使货物不易移动又不会受压变形 (2)作业前应按金属货物形状、重量选好装卸吊索具,对机械设备作认真检查 (3)防止金属制品受锈蚀以及受油类、硬质残屑等损害
5	食糖	易溶于水 易潮解 结块性 吸味性 散味性 易燃性	(1)装卸时严防各种火源,卸货前先通风散气。严格注意食品卫生要求。禁止抛、掷、拖拉作业,禁止使用手钩,雨雪天无防雨设备不得进行装卸 (2)保管食糖的仓库应清洁干燥、避免日晒,雨季舱内可采用吸潮剂、吸湿机或用塑料薄膜密封糖堆防潮。糖垛大有利防潮,但不宜过高,以免下层的食糖受压结块。临时露天保管,应选地势高、干燥的地面,并妥善垫盖。食糖应分票堆存,禁止与忌装货物堆装在一起。仓库内要防止鼠咬糖袋,以免传染病菌,污染食糖 (3)食糖起火,最好采用封舱(库)以二氧化碳灭火的方法,除非不得已,不宜用水灭救
6	化学肥料	吸湿、水溶性 分解性 挥发性 燃烧、爆炸性 腐蚀性 毒性 结块性 扬尘性 散发异味性	(1)化肥装运时应分清品种,不能笼统填写"化肥",属于危险品的应按相应的危险货物规则作业 (2)化肥不得与食品混装混存,以免引起食物串味或中毒,不能与金属及其制品同舱,以免锈蚀,也不能与散湿货、清洁货、吸味货配装。酸性化肥不能与碱性化肥及其他碱性货物(如石灰、纯碱等)混存,以免发生中和作用。铵态化肥与碱性货物也不能接触,否则会分解放出氨气,降低肥效 (3)装卸有毒性、腐蚀性化肥时,应注意人身安全。装卸时不使用钢丝网络等损坏运输包装的吊货工具。装卸时注意防雨防潮,作业完毕后要做好清扫工作 (4)保管时注意防水防潮,衬垫良好。及时做好扫集地脚化肥、整理破袋的工作,地脚化肥装袋后应单独堆放。不同性质的化肥不能混堆,以免引起不良后果

续上表

序号	货 种	货物性质	运输、装卸和保管注意事项
7	烟草	吸湿性 散发异味性 吸收异味性 易霉变 怕晒 怕生虫	(1) 船舱应清洁、干燥、无异味、无虫害，通风良好，衬垫齐全 (2) 严禁舱面积载，应远离机舱、热源部位装载。不能与有异味货物或易感染异味货物以及含水率高、易腐烂、有虫害的货物同舱装载，上不压货 (3) 装卸时应轻拿轻放，禁止摔包、钩包、脚踩烟包，雨雪天不能作业 (4) 应按不同品质、等级做好分票工作 (5) 应库内保管，注意干燥、通风，要防晒、防潮、防霉
8	水泥	水硬性 扬尘性	(1) 船舱应干燥，舱内排水设备应完好，舱盖需水密 (2) 不能与铵盐类化肥、糖及有害杂质同舱装运，也不能与液体、潮湿、食品、精密仪器等货物装在一起 (3) 装卸时应做好定量关，按层装卸，严禁拖钩、倒钩作业，雨雪天不能作业 (4) 按不同品种及标号分别堆放，用重叠法堆码，露天堆放要严密，下垫上盖
9	纸	吸湿性 怕晒怕热 易燃性 怕污染性 怕损伤 怕虫蛀、鼠咬	(1) 船舱清洁、干燥、通风良好、衬垫齐全 (2) 不能与散湿货、液体货、扬尘货一起装载，不可与油脂、化工产品、易燃品堆放一起 (3) 装卸时防止碰撞、摩擦，禁用手钩。卷筒纸应用专用夹具作用，不可拿掉中心木塞用钢丝绳串心起吊。雨雪天不能作业 (4) 应库内保管，注意防晒、防潮、防火、防虫蛀
10	酒	挥发性 易碎性 易渗漏与外溢	(1) 船舱应清洁、干燥、通风良好 (2) 包装容器应严密，要无渗漏、无破损，瓶装酒外包装要坚固，装运大量白酒应远离热源和隔绝火源 (3) 酒类不应配装在其他货上面，以防渗漏湿损或污损其他货物，忌与水果、吸味货、吸湿货同装 (4) 装卸时应先通风后作业，轻拿轻放，堆装时容器不得倒放，堆码整齐牢固，不宜过高
11	鱼粉	易氧化发热 易自燃 散发异味性 易结块	(1) 船舱应干燥、通风良好、衬垫完好 (2) 承运的鱼粉应检查含水率和测定温度，含水率超过12%，温度超过49℃拒绝装船 (3) 不能与易燃、发热性货物及爆炸品、怕感染异味的货物同装一舱 (4) 装卸时按层作业，不得倒钩，忌用手钩，以防破包。雨天不能作业 (5) 保管时应注意温度变化，充分通风。鱼粉发热温度上升，甚至内部起火或冒烟时，须严密封闭货舱(库)或采取灭火措施
12	百杂货	怕潮湿、暴晒 怕腐蚀、污染 怕热及冷 易变形 易碎性 易燃性	(1) 保持清洁、干燥、管系、电线、照明、封舱设备应处于良好状态，并备妥衬隔材料 (2) 防止小五金渗油、蜡制品熔化等污损其他货物 (3) 装卸时应选择适当的工具，按指示标志作业，堆码整齐，箭头朝上，重箱不压轻箱，同票货物集中堆放，严禁"四面"开花 (4) 严格理货交接，做到计数正确。保管时注意防火、防晒、防潮、防盗

续上表

序号	货　种	货物性质	运输、装卸和保管注意事项
13	农药	毒害性 怕高温及低温 怕湿性 怕日光 易氧化 怕酸碱性 不稳定性	(1)承运农药时,包装应完好,发现破损要及时进行整理或改装 (2)船舱应清洁、干燥,无油脂、酸、碱等有害性杂质残脚,舱内管系、设备完好 (3)应尽量做到专船(舱)专运。配装应远离厨房、船员卧室,易燃农药要与火源、电源、热源隔离,现场严禁吸烟 (4)不能与食品、饲料、禽畜、生活用品以及性质相抵触的其他货物混装。属危险品的农药,按相应的危险货物规则要求装运 (5)应专库储存。剧毒农药须存放危险品库场,注意防水、防潮、防晒。被农药污染部位应用碱水或石灰水消毒,冲洗干净
14	车辆	怕磨损挤压 易移位 脆弱部 位易损坏	(1)检查车身、玻璃窗、车灯等外露部分有否锈瘪、脱漆、碰撞破碎,反光镜、刮水器有否缺少 (2)装船前剩油须放净,电瓶接线应拆掉,冬天装车应将水箱存水全部放掉 (3)装妥后应将车门锁上,车窗摇上关好,钥匙随车同行 (4)轮胎不能接触油类、酸类货物。应注意保护驾驶室、车灯、底盘下部的拉杆和管路,不要被挤压和磨坏

第四章 货垛管理

第一节 垛型和码垛标准

一、垛型和货垛件数的计算

垛型是指货物在库场堆放时叠放的形式、要求、方法、标准。由于不同货物的理化特性和包装,以及作业要求的不同,可以采用不同的叠放方式。合理地叠放不仅能充分利用库仓容量,保证货物安全,而且使库场内货物堆码井然有序,便于货物计数、识别和检查保管,方便装卸、搬运作业。

1. 平台垛

平台垛是先在底层以同一个方向平铺摆放一层货物,然后垂直继续向上堆积,每层货物的件数、方向相同,垛顶呈平面,垛形呈长方体(图1-4-1)。当然在实际堆垛时并不是采用层层加码的方式,往往从一端开始,逐步后移。平台垛适用于包装规格单一的大批量货物,包装形状规则,能够垂直叠放的箱装货物、大袋货物、规则的软袋成组货物、托盘成组货物。平台垛只是用在仓库内和无需遮盖的堆场堆放的货物码垛。

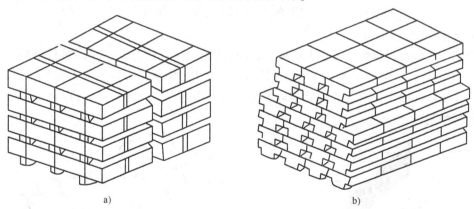

图 1-4-1 平台垛

平台垛具有整齐、便于清点,占地面积小,堆垛作业方便的优点。但该垛型的稳定性较差,特别是小包装、硬包装的货物会有端头倒塌的危险,所以在必要时(如太高、长期堆存、端头位于主要通道等)要在两端采取稳定的加固措施。对于堆放很高的轻质货物,往往在堆码到一定高度后,向内收半件货物后再向上堆码,以保证货垛稳固。

平台垛的货件计算:

垛底的一边(宽度)有 b 件货物,另一边(长度)有 l 件货物,共有 h 层高。该垛货物件数为:

$$N = lbh \tag{1-4-1}$$

2. 起脊垛

先按平台垛的方法码垛到一定的高度,以卡缝的方式从两边逐步向中间收小,将顶部收尖成屋脊形(图1-4-2)。起脊垛用于堆场堆货的主要垛型,货垛表面的防雨遮盖从中间起向下倾斜,便于雨水排泄,防止水湿货物。有些仓库由于陈旧或建筑简陋有漏水现象,仓内的怕水湿货物也采用起脊垛堆垛并遮盖。

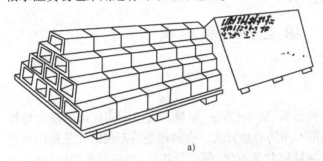
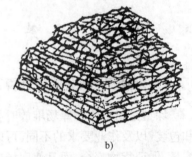

图1-4-2 起脊垛

起脊垛是平台垛为了遮盖、排水的需要的变形,具有平台垛操作方便、占地面积小的优点,适用平台垛的货物都可以采用起脊垛堆垛。但是起脊垛由于顶部压缝收小,形状不规则,无法在垛堆上清点货物,顶部货物的清点需要在堆垛前以其他方式进行。另外,由于起脊的高度使货垛中间的压力大于两边,因而采用起脊垛时,库场使用定额要以脊顶的高度来确定,以免中间底层货物或库场地面被压损坏。

起脊垛的货件计算:

起脊垛货件 N = 底部平台部分件数(lbh) + 起脊部分货物件数

3. 行列垛

行列垛是将每票货物按件排成行或列,每行或列一层或数层高。垛形呈长条形。如图1-4-3所示。行列垛用于存放小票货物的库场码垛使用,如零担货物。为了避免混票,每票开堆各自成垛存放。长条形的货垛使每个货垛的端头都延伸到通道边,可以直接作业而不受其他货物阻挡。

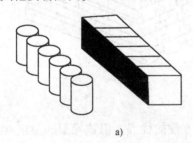
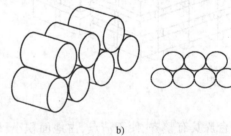

图1-4-3 行列垛

行列垛是针对小票零担货物的堆码方法,每票开堆,垛与垛之间留空,垛基小而不能堆高,使得行列垛占用库场面积大,库场利用率较低。行列垛的计数和作业都比较方便。

较大票的货物采用行列垛时,可以两件货物并排成垛,称为"两连桩"。小件货物还可以三连桩及更多连桩。为了减少通道,将两票货物并列排放,也是行列垛的一种堆放方式,俗称"和合桩",但两边的货物的标志必须朝外,以便区别。

行列垛采用直接清点的方式点数货件。

4. 立体梯形垛

立体梯形垛是在最底层以同一方向排放货物的基础上,向上逐层同方向减数压缝堆码,垛顶呈平面,整个货垛呈下大上小的立体梯形形状。如图1-4-4所示。立体梯形垛用于包装松软的袋装货物和上层面非平面而无法垂直叠码的货物的堆码,如横放的桶装、卷形、捆包货物。

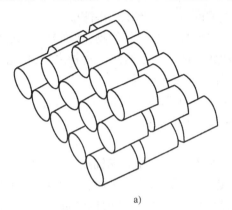
a)

b)

图 1-4-4　立体梯形垛

立体梯形垛极为稳固,可似堆放得较高,库仓利用率较高。采用体积计算法也能较简单地计算货物件数。

其计算方法为:

(1)两侧面收半件的立体梯形垛货垛件数计算(每层长度少一件)?

梯形面底边宽度件数为 b,向内收的侧边底层长度行数为 l,层数为 h,则?

$$总件数\ N = lbh - l \times h(h-1)/2 \qquad (1\text{-}4\text{-}2)$$

3 层高的总件数为: $N = 3bl - 3b$

4 层高的总件数为: $N = 4bl - 6b$

5 层高的总件数为: $N = 5bl - 10b$

6 层高的总件数为: $N = 6bl - 15b$

7 层高的总件数为: $N = 7bl - 21b$

(2)四周都收半件的立体梯形垛货垛件数计算:

底层宽度为 b,长度为 l,层数为 h,则:

$$总件数\ N = lbh - h(b+1)(h-1)/2 + h(h-1)(2h-1)/6 \qquad (1\text{-}4\text{-}3)$$

3 层高的总件数为: $N = 3bl - 3b - 3l + 5$

4 层高的总件数为: $N = 4bl - 6b - 6l + 14$

5 层高的总件数为: $N = 5bl - 10b - 10l + 30$

6 层高的总件数为: $N = 6bl - 15b - 15l + 55$

7 层高的总件数为: $N = 7bl - 21b - 21l + 91$

对于在露天堆放的货物,采用立体梯形垛,为了排水需要也可以在顶部起脊。

为了增加立体梯形垛的空间和利用率,在堆放可以立直的筐装、矮桶装货物时,底部数层可以采用平台垛的方式堆放,在一定高度后才用立体梯形垛。

5. 梅花形排列垛

对于需要立直存放的大桶装货物,将第一排(列)货物排成单排(列),第二排(列)的每件靠在第一排(列)的两件之间卡位,然后每排依次卡缝排放,形成梅花形排列垛,如图1-4-5所示。梅花形排列垛垛型稳固,充分利用了货件之间的空隙,节约库场面积。

对于能够多层堆码的桶装货物,在堆放第二层以上时,将每件货物压放在下层的两件货物之间,两边各收半件,形成立体梅花形排列垛。

单层梅花形行列垛的件数计算:

图1-4-5 梅花形排列垛

总件数等于宽度件数乘长度件数减去长度件数一半的整数。

6. 井形垛

井形垛用于长形的钢材、钢管及方木的堆码。它是在以一个方向铺放一层货物后,再以垂直的方向铺放第二层货物,货物横竖隔层交错逐层堆放,垛顶呈平面。井形垛垛型稳固,便于清点计数,但层边货物容易滚落,需要捆绑、使用木楔卡住或者向内收进。井形垛的作业较为不便,需要不断改变作业方向,如图1-4-6所示。

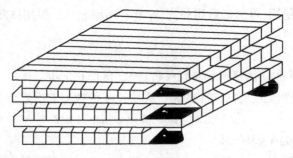

图1-4-6 井形垛

对钻管、石油套管等两端有螺纹的管材,在堆桩时必须使两头腾空,防止压坏螺纹。

对于超长的(如圆钢、角钢、槽钢、工字钢)钢材和长钢管(超过6m),采用完全的井形垛,不仅占用大面积场地,而且不易操作,不采用货物自身进行交叉隔层堆放,而是用较短的钢材(短废道轨)或枕木作为垫物隔层衬垫,以便堆高货物和方便操作。

7. 成组垛

成组垛是利用货盘、托盘、网络、集装袋等成组工具,或者无成组工具(如在铲车上成组),将货物组成定量、定型的货组单元(货关、星冕),进行货物码垛。根据货物的特点,成组垛可以堆积成平台垛或者在堆场堆成起脊垛。成组垛的最大的优点是:装卸堆垛方便,直接利用成组运输的优越条件,在库场堆垛时无需分件操作,并且便于堆高,节省仓容,垛型稳固。成组垛的计数也极为方便,只要统计出组数,再乘以成组的固定货件数就得出货物总件数。

由于成组垛无论是装卸、堆垛操作,还是计数都极为方便、快捷,港口对件装货物在可能的情况下都采用成组作业和成组垛堆垛。

垛型是依据货物类别、数量及其包装特性、库场条件、作业需要来确定的,库场往往都制定有固定的制度加以确定。而货垛的大小则需要根据货量,货位大小来确定。

二、库场常见货物码垛标准

标准垛是库场管理中为了规范化管理和便于货物理货、确保库场作业质量,对各种货物的货垛的标准化规定,包括选用的堆垛方法、堆垛形式、堆垛质量,以及数量要求等。但由于因货物票数的大小不同,货垛的货物件数需要根据货物数量来确定。也就是在实践中大多数采用标准垛的垛型、堆法、质量要求,而垛型的长度(或宽度)则按货物数量来确定。

1.散货垛堆码标准

(1)作业前,清扫干净场地,作业中边干边清扫,防止混质或污染。

(2)垛底距隔离墩顶部不超过10cm,沿区位线内侧取齐,预留消防通道。

(3)规定货区内堆码的货物为平顶梯形垛,根据货物量决定堆码高度,小货垛堆码高度一般为2.5~3m,高大货垛堆码高度为10~20m。

(4)小票铬矿垛与垛之间间距80cm,严格防止混质。

(5)货垛牌全部拴、放在货垛的右角(面对货垛),货垛牌填写规范、齐全、工整、及时,如图1-4-7所示。

图1-4-7 散货垛堆码标准

2.袋装货、件货堆码标准

(1)同货种、同包装的货物集中指定区域码垛。

(2)同一区域的货物堆码达到"三个一样",即堆放的货种一样、高度一样、垛型一样。

(3)外场地成组袋装货货垛起脊,必须把原来勾上的两批袋装货整理成单批。

(4)库内货物摆放齐区域线,下松上紧,整齐牢固,纵横成线,箭头向上,标志朝外。

(5)码垛时货物要靠紧、整齐、放正,不允许倾斜,四面整齐牢固,呈梯形垛。

(6)货垛牌全部拴、放在货垛的右角(面对货垛),货垛牌填写规范、齐全、工整、及时,如图1-4-8所示。

3.卷形货物堆码标准

(1)区位线内侧取齐,堆码成卧摆梯形垛,两侧截面对齐,层层压缝。底层各塞牢两个大掩木,平均间隔两侧截面距离为20cm。

(2)库内5t以下卷钢堆码三个高,6~12t卷钢堆码两个高,15t以上卷钢堆码一个高。第一层卷钢码齐塞牢后,再逐批堆码二、三层。拆垛装车必须在上一层卷钢全部出清,再逐批拆装下一层。

a) 成组堆码　　　　　　　　　　b) 单件堆码

图1-4-8　袋装货、件货堆码标准

(3)不同规格、件重的卷钢码垛,要重不压轻、大不压小。
(4)作业结束,用木粉将作业场区搓擦、清扫洁净,掩木收集存放指定地点,摆放整齐。
(5)货垛牌全部拴、放在货垛的右角(面对货垛),货垛牌填写规范齐全、工整及时,如图1-4-9所示。

4.钢板货垛堆码标准
(1)根据库内区位线内侧取齐,堆码成一字形垛,正面对齐。
(2)规格一致,票数统一的钢板,以钩为准,每层错延20cm。
(3)规格不一致,票数统一的钢板,根据长短错延20cm。
(4)规格差别大,票数统一的钢板,对齐一头并错延20cm。
(5)货垛牌全部拴、放在货垛的右角(面对货垛),货垛牌填写规范、齐全、工整、及时,如图1-4-10所示。

图1-4-9　卷形货物堆码标准　　　　图1-4-10　钢板货垛堆码标准

5.长五金类货物堆码标准
(1)根据库内外区位线内侧取齐,堆码成一字形垛,正面对齐,上下码垛一刀切。
(2)规格一致,票数统一的支坯,每层错延10cm,做到垛型高度一致,每层堆码数量一样。
(3)规格不一致,票数统一的钢板,根据长短错延10cm。

（4）规格差别大，票数统一的钢板，对齐一头并错延10cm。

（5）货垛牌全部拴、放在货垛的右角，货垛牌填写规范、齐全、工整、及时。

（6）钢管、支坯、螺纹钢、H钢等五金码垛两边对齐，上下不差1cm，并且成方成形。

（7）十字花码垛底部一层要打满，以利于货垛的稳固。

（8）钢管货垛堆码要在货垛的四角，每两层之间用绳子捆绑三道，用掩木掩牢。

（9）同一区域内，同规格、同货种货物货垛高度一致，垛型一致，层数一致。

（10）作业结束，底子清扫及时，库场、道路清扫洁净不起尘，确保原色原貌，如图1-4-11所示。

图1-4-11　长五金类货物堆码标准

6.板材堆码标准

（1）板材票数较多，首先理货人员要分好票，不得混票。

（2）根据场地的实际情况，板材货垛一般码10个高，从下面直起6个高，从第7个高开始层层收1批。

（3）码垛时，要整齐牢固，成行成批，标志朝外，落实好2人码垛，只有1名工人时坚决不准码垛。

（4）板材货垛属于高大货垛，并无法拴挂安全带，所以，重点注意登高安全，上下货垛时必须使用3节的专用梯子，并需专人扶梯。

7.铜精矿堆码标准

（1）场地的选择，铜精矿货垛不得靠近粮食、纸浆、板材等易燃货垛，不得码于低洼处。

（2）整垛共4个高，整垛后由外侧看要求层层向内收起，成梯形，货垛不能垂直、外涨。

注意：阳谷的货只准码3个高，东营的货可码4个高。

（3）第1层高码起后，逐层压小缝码齐，直至货垛达4层高。

（4）铜精矿因含硫量较大，易自燃，故码垛时不准码大垛，每垛控制在100件左右。货垛横向、纵向每3批预留一条20cm通风道，且码放货物整齐、美观。

（5）作业过程中，随时清理场地周边卫生，严禁将垃圾、地脚等杂物藏于货物货垛中，造成混质。

（6）作业后，及时清理场地周边卫生，确保现场五个文明管理达标。

8.纸浆堆码标准

（1）纸浆码垛时，首先理保人员要仔细分票，避免混票。

（2）采用无漏眼篷布做铺垫。

（3）码垛时，纸浆与纸浆间闪缝不能超过20cm。

（4）码垛时，采用从里向外码垛法，从下直起2个高，第3个高开始压缝、收半批，第4个高时,四周纸浆放倒,中间一批站着起脊,最高不得超过4个高。

(5)篷布要采用一等围边、一等压顶篷,预防水湿,如图1-4-12所示。

图1-4-12　纸浆堆码标准

第二节　货垛苫垫

苫垫是对货垛苫盖和垫垛的统称,是库场货物码垛和保管中防止货物损坏的重要措施。其主要目的是防止货物受潮和日晒受损。除矿石、原木等天然产品和部分密封桶装货物外,堆场堆放的货物都要采取相应的苫垫措施,防止货物受风雨和日晒以及地面积水或潮气的危害,防止货物受压不均造成损坏,确保货物质量。在仓库内则根据需要采取相应的苫垫措施,防止货物受损。

一、垫垛

垫垛是在货垛底部使用衬垫物料进行铺垫,然后在衬垫物上堆放货物,使货物不直接接触地面的措施。

1.垫垛的作用

(1)提高货物底部高度,防止地面积水浸湿货物。

(2)隔离地面,避免地面潮气浸湿货物。

(3)防止地面尘埃脏污货物。

(4)架空而形成的一定空隙,使货底具有较好的通风条件。

(5)利用垫垛材料使地面平整,使不规则货物能够整齐稳固堆垛。

(6)利用衬垫物使地面接触面小的超重货物对地面的压力分散,增加库场的容积利用率。

(7)方便装卸操作。

(8)吸收货物可能遗漏出的液体。

2.垫垛的材料

垫垛的材料要根据垫垛的目的来确定。为了垫高货底最好采用有较大高度的货架、水泥板块、枕木道轨等;为了隔离地面可以采用垫仓板、油布等;为了分散压力则采用强度大的钢板、枕木、道轨等;为了通风则使用空隙较多的货架、排放方条等方法。目前库场常用的垫垛材料有:货架(货盘、地台板)、垫仓板、枕木、废旧道轨、油布(帆布)、铁架、钢板;水泥预制件(条、块)、黄沙等。

垫垛材料的选择首先要满足垫垛目的的实现;其次是经济的因素,要求成本低、可重复使用、便于保管等;最后是操作方便。

3.垫垛时应注意的问题

(1)垫垛材料必须满足垫垛目的的需要,要因地制宜,合理选用。垫垛物不会与货物的性能相抵触。

(2)垫垛高度足够,保证货物不受水浸或潮湿。场地垫垛要求30~50cm,场地地台或仓库内防水垫垛要10cm以上。

(3)垫垛面积合适。除为分散压力的垫垛需要有足够大的受压面积外,垫物不能露在货垛外面,以防雨水顺垫物流入货垛。

(4)垫物铺放方向一致,铺放平整。铺垫物的间隙不超过10cm,空隙对空隙并朝向通道,以利通风。

4.垫垛面积计算

例 1-4-1 某场地现要堆放一台重150t,包装箱为2m×3m的变电器。该场地的单位面积技术定额为$10t/m^2$。问:至少需要有多大的衬垫面积?如果考虑衬垫钢板每件1.5m×3m,重为1t,需要多少块钢板衬垫?

解:衬垫面积:$150 \div 10 = 15 m^2$

若使用1.5m×3m的钢板衬垫,需要3块。

考虑衬垫物重量,可得:$150 + n \times 1 = n \times 1.5 \times 3 \times 10$

则 $n = 3.4$

如考虑衬垫物重量,则需要4块钢板衬垫,衬垫面积为$18m^2$。

二、苫盖

苫盖是指对货垛的表面进行遮盖的货物保管措施。其目的是防止雨水湿损货物,避免尘埃污货、减少日晒的危害。

1.苫盖材料

常用的苫盖材料有:苫布(帆布、油布)、塑料薄膜、油毡、(草、芦)席、铁皮铁瓦、纤维瓦等。苫盖材料的选择:首先是依据满足苫盖的功能,起到遮挡雨水,挡风遮日晒的目的;其次是方便操作。由于港口货物的苫盖随着货物周转频繁,苫盖、揭盖次数极为频繁,方便操作的苫盖材料会大大降低工作量,因而大面积的帆布是库场苫盖的主要材料;苫盖材料的选择还应具有经济的原则,成本低廉、能重复使用。

2.货物苫盖方法

(1)就垛苫盖法。使用大面积苫盖材料(帆布),按照货垛的形状完整地自上而下苫盖的苫盖方式。苫盖后的垛型仍然显示出原先货垛形状。就垛苫盖法大都使用帆布、油布等大面积材料,操作较为方便、快速,密封效果好,是库场货垛苫盖的主要方法。但就垛苫盖法的密封性不适用于需要通风的货物苫盖。

(2)鱼鳞式苫盖法。是指使用小面积的苫盖材料自下而上逐层交叠苫盖的方式。每块苫盖材料都要采取固定措施。使整个垛显层层叠叠,状似鱼鳞。鱼鳞式苫盖法操作极为不便,甚少使用。对不使用帆布苫盖的货物,可使用铁皮铁瓦、纤维瓦等材料,采用鱼鳞式苫盖法。

(3)活动棚苫盖法。货物堆垛完毕,根据垛型的大小和高度,安装移动货棚将货垛苫盖的方法。活动棚苫盖法最大的优点就是货物有极好的通风效果,苫盖操作并不复杂。但活动棚苫盖法的密封性较差,也不能使用在太大的货垛苫盖。

3. 货垛苫盖注意事项

(1)选择合适的苫盖材料,满足苫盖的目的。苫盖材料不会与所盖的货物发生影响或产生危害。如硫磺腐蚀帆布,帆布苫盖鱼骨粉会发生自燃等。

(2)苫盖要固定妥当。每张苫盖材料都要牢固固定,必要时在苫盖外使用绳索(网)捆绑牢固或采用重物镇压,确保刮风揭不开。

(3)苫盖的接口要顺风叠盖,避免迎风叠口。苫盖必须拉挺,不得有折叠或凹陷,防止积水。

(4)苫盖的底部与货垛的垫料平齐,并牢固绑扎在垛垫的外侧。不能腾空,也不能拖地。

(5)必要时采取两层帆布的加固顶层措施,确保下雨淋不透。

4. 件杂货货垛苫盖标准

(1)货垛要做到随完随盖,压顶篷绳、大网垂直上下,上下生根牢固,篷布下端垂直平行压过货物 5cm,篷布间错压不少于 80cm。

(2)压顶篷四边均等压过马鞍,篷绳全部拉紧拴牢,穿过地环,绕一圈挽花后,在拦腰大绳上生根。

(3)压顶篷如果需要 2 块或 2 块以上,要根据季节风向顺茬封盖,接头处错压 1.5m 以上;拦腰大绳距地 1.3m,横平竖直。

(4)加盖防风大网,生根牢固整齐,做到与马鞍垂直平行。

(5)里层篷边绳必须生好根,外层篷边绳必须水平拉直,生根在垂直绳上。

(6)纸浆等货种属于直上直下 5m 以上的货垛,要加两根拦腰大绳,一根离地 1.3m,一根离地 2.6m。

(7)篷布绳接头处要整齐,绳头系小辫。拦腰大绳接头要放在垛档内,如图 1-4-13 所示。

a)侧视图

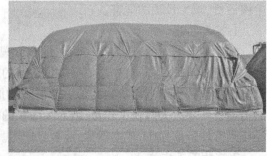
b)正视图

图 1-4-13 件杂货货垛苫盖标准

第三节 货 位 图

一、货位图概念

通过对仓库及堆场的编号或标注,确定了仓库和堆场的位置,只要说明货物存放在几号仓库或堆场,就知道了货物的大致位置。但是港口仓库的规模都很大,有的甚至超过 5000m²;而堆场大都依地形分布,形状不规则,有的甚至跨越很大的距离。在这么大的场地上要具体确定货物堆放的位置,还需要通过内部分块编号的方式进行识别。这种把每个仓库和堆场内可以堆存货物的位置进行划分,编排号码或标注定位,并绘制成的平面图就是货位图。为了使用和查阅方便,一份货位图应尽可能地包含更多的仓库和堆场,因而库场往往将相邻区域的仓库、堆场绘制在同一份图上,甚至有的港口把一个作业区的仓库和堆场都包含在一份平面图上。

货位图的作用:

(1)标示库场可用于堆存货物的位置,反映港区的分布。

(2)查找货物,通过货位图的表示能迅速查到货物存放位置。

(3)查看库场利用情况,用于制订库场堆存计划。

(4)通过货位图定的编号,便于人员熟悉库场,提高生产效率。

二、货位图编排应考虑的因素

(1)按照库场可用于堆放货物的位置,划分货位,货位应布置紧凑,充分利用容积。

(2)根据仓库和堆场的地面形状,建筑结构和库场规划中的预计堆存的货物的性质、大小,合理地划分货位。

(3)货位编号要有规律性,要对货位进行标注和画线标明、设置标志。

(4)设计合理并留出通道位置,货垛之间按要求留出间隙,留出墙距等各种间距。

(5)进出货方便,便于机械操作,场内搬运距离最短。

(6)由于堆场货位大多数都建成平台货位,要考虑到作业机械的作业位置和作业能力确定货位的形状和尺度。

港口货位如图 1-4-14 所示。

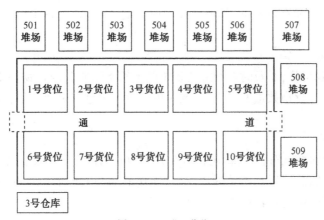

图 1-4-14　港口货位

三、货位的各种间距

货位间距是在货物堆垛时为了满足作业、货物保管以及安全的需要,在货垛之间和货垛周围所留的空位。间距的大小的确定原则有:安全和消防间距由法规规定,作业需要的间距根据作业的性质确定,通道的大小要满足车辆的使用,通风道则是由货物的通风需要来确定的。

(1)仓库内货垛距离50cm,仓库外货垛与防水墙距1m,距柱10cm。
(2)距电源箱、开关箱1m,距灯50~100cm。
(3)货垛之间距离50cm,场地货垛之间距1m。
(4)距消火栓2~3m,消防通道大于2m。
(5)作业通道则根据作业机械的工作幅度范围来确定,库内主通道要大于6m。

危险货物的间距要求:堆顶距灯不少于1.5m;垛距墙不少于0.5m;垛与垛距不少于1m;消防器材、配电线周围1.5m范围内不得堆存货物;堆场消防通道不小于6m。

四、货位图的使用

1. 制订货物堆存计划

在进行堆存计划编制时,以货位图反映的库场空位为安排货位的依据,并可在货位图上标注将要作业的货物和计划堆放货物的位置。实行计算机库场管理更是以货位图为基本工具。

2. 确定货物位置,查找货物

无论是库场人员还是作业部门、机械操作人员,都可以通过查阅货位图知道货物具体的堆放位置。使用货位图上的编号能够准确地表达出货物的具体位置,搬运工具操作人员可以准确地将货物送到或到场提货,作业人员不会把票据相同的货物混在一起。通过货位图可以迅速地查找货物的位置,避免错发错收货物。

3. 了解库场使用情况

通过货位图可以了解库场的使用情况。包括哪些货位空着,哪些货位存放着货物,是什么货物,有多少货量等货物信息都一目了然。这样不但本库场的管理人员随时能清楚了解库场使用情况,企业管理检查人员、其他环节作业人员、客户等业务往来人员也能够通过货位图了解货物情况。

4. 货位图的更新

当将货物堆放到货位,要及时在相应的货位图上给予注明。当货物提走后,要及时擦去货物信息,显示空白。货物数量发生变动,及时更改货物信息。要保证货位图能准确反映库场内的真实情况。

5. 货位合并使用

为了使大批量货物能够进库,库场经常将多个货位合并使用,货物集中存放。合并使用的货位必须是相连的临近货位,不跨通道,处在库场的端头或侧面。合并使用货位时,要注意巨大货垛的稳定性,满足货物通风的需要。

第五章 库场工作程序

运转良好的库场货运工作程序是搞好港口货运工作的前提和保证。库场工作程序主要有：出口货物库场货运工作程序、进口货物库场货运工作程序以及在港口铁路专用线进行火车作业的货运工作程序等。

第一节 出口货物库场工作程序

一、作业受理

作业委托人或其代理人与港口经营人就委托港口进行货物装船作业等事宜进行协商，达成一致后，双方签订港口货物作业合同。

港口主管部门出具港口货物作业合同一式四联，第一联，入库联（起运港）、提货联（到达港），由港口经营人存查；第二联，港口作业发票（发票联），交作业委托人；第三联，港口作业发票（财务结算联），由作业单位财务记账；第四联，港口作业联，用于仓库批注货物现场作业、堆存等情况，是计收港口费用的依据，由港口主管部门留存。

港口作业合同一、四联由作业委托人或其代理人传递至港口基层货运部门，港口基层货运部门依据港口作业合同载明的有关内容接收货物。

作业委托人是与港口经营人相对应的港口作业合同的另一方当事人。在港口作业实务中，作业委托人可能是：托运人、承运人、出租人、承租人、实际承运人、收货人等。一般是基于运输合同或者贸易合同中当事人的约定，根据约定来明确由谁负责订立港口作业合同、支付作业费用。

在港口作业合同的实际履行中，还存在一个较为特殊的主体——交货人，这是独立于作业委托人之外的将货物实际交付给港口经营人的人。例如，起运港作业委托人是运输中的托运人，将货物实际交付港口经营人的不是托运人而是发货人，则此时的发货人为交货人；到达港作业委托人是收货人，将货物交付港口经营人的是运输中的承运人，此时的承运人即为交货人等。这一类主体可视为作业委托人的代理人，是代表作业委托人完成货物交付义务的人。如果因此而产生纠纷，则港口经营人可以根据作业合同的约定或《港口货物作业规则》中规定的权利、义务的内容，向作业委托人追究相应的责任。也可直接根据侵权责任原则，要求该交货人承担侵权责任。

二、准备工作

作业委托人或其代理人向港口基层货运部门送达港口作业单以及具体的货物入库计划。对货物入库事宜达成一致后，双方各自做货物入库的准备。港口入库前的准备工作主要有：

（1）落实货物的入库方式（水路、铁路、公路），初步确定港口作业方案；

(2)落实船舶的受载日期,确定货物的入库时间;

(3)落实船、货衔接情况,确定是通过港口库场装船还是直取装船;

(4)落实货物的数量、包装、性质以及船舶的初步配载方案,原则确定货物的入库顺序、堆码方式及货物的堆码位置;

(5)落实货物的质量要求;

(6)建立货物入库记录。

作业委托人应及时办理港口、海关、检验、检疫、公安以及其他货物运输和作业所需的各种手续,并将已办理的各种手续单证送交港口经营人。有特殊保管要求的货物,作业委托人应当与港口经营人约定货物保管的特殊方式和条件。

三、入库作业

1. 货物的验收

(1)对作业委托人送交的港口、海关、检验、检疫、公安以及其他货物运输和作业所需的各种手续进行查验。这种查验义务只限于形式上的查验而非实质性的审查,主要是各种手续与证明文件是否齐备,有关文件上是否有主管部门核准的印章等。

(2)查验作业委托人交付货物的名称、件数、重量、体积、包装方式、识别标志是否与作业合同的约定相符。

笨重、长大货物作业,作业委托人应当声明货物的总件数、重量和体积(长、宽、高)以及每件货物的重量、长度和体积(长、宽、高)。

以件运输的货物,港口经营人验收货物时,发现货物的实际重量或者体积与作业委托人申报的重量或者体积不符时,作业委托人应当按照实际重量或者体积支付费用并向港口经营人支付衡量等费用。

(3)需要具备运输包装的作业货物,港口经营人应当检查货物的包装是否符合国家规定的包装标准,没有包装标准的,作业委托人应当在保证作业安全和货物完好的原则下进行包装。

(4)港口经营人应当按约定的交接方式与作业委托人对货物进行交接,交接过程中发现的货物损坏、污染、灭失、单货不符等情况,双方共同编制货运记录。港口经营人应作业委托人的要求也可编制普通记录。如港口在接收货物时没有对货物的数量和质量提出异议,视为作业委托人已经按照约定交付了货物。

(5)在港口经营人已履行《港口货物作业规则》中规定义务的情况下,因货物的性质或者携带虫害等情况,需对库场或者货物进行检疫、洗刷、熏蒸、消毒的,应当由作业委托人负责,并承担相关费用。

2. 台账编制

(1)根据当日货物入库数量,编制货物入库记录。

(2)根据货物入库记录,编制单船货物货位图。

3. 货物的签收

一票货物当天入库验收完毕,港口仓库保管员应当会同货主在货物入库账簿上互相签字认可。

四、装船作业

1. 内贸货物的装船

(1) 根据货物交接清单的记载确认装船货物的名称、件数、标志、包装、吨数、票数、规格等。

(2) 与船方约定装船货物的交接方式,并按约定的货物交接方式进行货物的交接。

(3) 如在装船过程中发现货物损坏、灭失、单货不符等情况,双方应共同编制货运记录。如船方在接收货物时没有就装船货物的数量和质量提出异议,视为港方已经按照约定交付了货物。

(4) 每工班作业结束,港船双方共同对当班发生的货物装船数量进行签认。如双方对装船数量发生争议,应立即进行复核,并在复核的基础上进行签认。

(5) 每工班作业结束,理货员应在装船顺序单上核销当班装完的货垛。填写装船理货单,未尽事宜交给下一个工班理货员。

(6) 全船货物装船完毕,港船双方共同在货物交接清单上对所装货物的数量及质量予以签章确认,签章后的货物交接清单是船方按货物交接清单"实装"栏和"状况"栏上记载的数量和质量接收货物的证明。船方按此签发运单。

(7) 如货物直取装船,且货物由作业委托人与船方直接进行交接,此时船方签发的运单同时视为是船方向作业委托人签发的货物收据。

(8) 货物入库和装船过程中编制的货运记录应交给船方,随货同行。

2. 外贸货物的装船

(1) 根据出口货物装货清单的记载确认装船货物的名称、件数、标志、包装、吨数等。根据外理出具的装船顺序装船。

(2) 与外理约定装船货物的交接方式,并按约定的货物交接方式进行货物的交接。散装货物按重量进行交接的,其货物重量的交接依据贸易双方贸易合同的有关条款确定,主要有计量器具计量装船、公证部门水尺鉴定、原货原转等方式。

(3) 如在装船过程中发现货物损坏、污染、灭失、单货不符等情况,理货机构编制现场记录,港口理货员予以确认。

(4) 每工班作业结束,港口与理货部门共同对当班货物装船数量进行签认。如双方对装船数量发生争议,应立即进行复核,并在复核的基础上进行签认。

(5) 每工班作业结束,港口理货员应在货物装船顺序上核销当班装完的货垛,填写装船理货单。未尽事宜交给下一个工班理货员。

(6) 全船货物装船完毕,港口与外理共同核对、确认装船货物数量和质量并签证。

(7) 如货物直取装船,原则上由作业委托人与理货机构直接进行交接。

第二节　进口货物库场工作程序

一、作业受理

作业委托人或其代理人与港口经营人就委托港口进行货物卸船作业等事宜进行协商,

达成一致后,双方签订港口货物作业合同。

二、受理提货

1.内贸货物受理提货

货物接收人持水路货物运单到港口办理货物提货手续,港口经营人要核对证明货物接收人单位或者身份以及经办人身份的有关证件,无误后港口货运主管部门依据货物运单编制港口作业合同。港口作业合同一式四联。港口作业合同一、四联由作业委托人或其代理人传递至港口基层货运部门,港口基层货运部门依据港口作业单载明的有关内容接收和交付货物。

2.外贸货物受理提货

货物接收人持提货单(小提单)到港口办理货物提货手续,港口经营人要核对证明货物接收人单位或者身份以及经办人身份的有关证件,无误后港口货运主管部门依据提货单(小提单)编制港口作业合同一式四联。港口作业合同一、四联由作业委托人或其代理人传递至港口基层货运部门,港口基层货运部门依据港口作业合同载明的有关内容接收和交付货物。

货物接收人包括两类主体:一是作业委托人自己,二是作业合同双方当事人以外的第三人,在起运港货物接收人常常体现为运输关系中的承运人(或船方),在到达港常常体现为运输关系中的收货人。作业合同约定港口经营人将货物交付给第三人的,作业委托人应当保证第三方按照作业合同的约定接收货物。

三、卸船准备

港口经营人卸船前的准备工作主要有:

(1)根据船舶预报和港口作业单记载内容,指定卸船的泊位,初步确定港口作业方案。

(2)将港口卸船计划通知作业委托人和货物接收人,商定货物卸船后是进入港口库场还是卸船直取。

(3)落实货物的出库方式(公路、水路、铁路),及各种出库方式的数量和进度。

(4)根据货物的数量、包装、性质以及船舶的积载方案,原则确定货物的堆码方式及货物的堆码位置。

(5)落实货物的质量要求,如属易损或操作难度较大货物,要通知货物接收人做好监卸准备。

(6)建立货物卸船及货物出库台账。

作业委托人应及时办理港口、海关、检验、检疫、公安以及其他货物运输和作业所需的各种手续,并将已办理的各种手续单证送交港口经营人。有特殊保管要求的货物,作业委托人应当与港口经营人约定货物保管的特殊方式和条件。

四、卸船作业

1.内贸货物的卸船

(1)与船方交接随货同行的货运单证,并进行单证核对。

(2)根据货物交接清单和运单的记载确认卸船货物的名称、件数、标志、包装、吨数、票数和规格等。

（3）双方约定卸船货物的交接方式，并按约定的货物交接方式进行货物的交接。

（4）卸船过程中发现货物损坏、灭失、单货不符等情况，双方应共同编制货运记录。

（5）工班作业结束，港船双方共同对当班发生的货物卸船数量进行签认。如双方对卸船数量发生争议，应立即进行复核，并在复核的基础上进行签认。

（6）工班作业结束，港口理货员填写单船货物理货单，并核销卸船顺序，未尽事宜交给下一个班理货员。

（7）全船货物卸货完毕，港船双方共同在货物交接清单上对所卸货物的数量及重量予以签章确认，签章后的货物交接清单是港口经营人按货物交接清单"实卸"栏和"状况"栏上记载的数量和重量接收货物的证明。港口经营人按此交付货物。

（8）如货物卸船直取，且货物由货物接收人与船方直接进行交接，货物接收人收到货物后，应当在其持有的一联运单上签认，签认后的该联运单作为货物接收人收到货物的收据交给船方留存。

（9）货物入库和装、卸船过程中编制的货运记录到达港港口经营人予以留存，随货同行。

2.外贸货物的卸船

（1）根据进口货物载货清单的记载确认卸船货物的名称、件数、标志、包装、吨数、票数和规格等。

（2）与理货机构约定卸船货物的交接方式，并按约定的货物交接方式进行货物的交接。散装货物按重量进行交接的，其货物重量的交接依据贸易双方贸易合同的有关条款确定，主要有计量器具计量装船、公证部门水尺鉴定、原货原转等方式。

（3）在卸船过程中发现货物损坏、污染、灭失、单货不符等情况，理货机构编制现场记录，港口理货员予以确认。

（4）每工班作业结束，港口与理货机构共同对当班发生的货物卸船数量进行签认。如双方对卸船数量发生争议，应立即进行复核，并在复核的基础上进行签认。

（5）每工班作业结束，港口理货员填写单船货物理货单，并核销卸船顺序，未尽事宜交给下一个班理货员。

（6）全船货物卸船完毕，港口与理货机构共同核对、确认卸船货物的数量和重量并签证。

（7）如货物卸船直取，原则上由作业委托人与理货机构直接进行交接。

五、交付货物（货物出库）

（1）建立单船货物出库记录。

（2）向货物接收人提供港口所接收货物的具体的数量和重量情况及随货同行的货运记录和普通记录。

（3）货物接收人将一票货物一次性提取的，港口基层货运部门凭港口作业合同一、四联办理货物的出库。分批次提取的，凭货物接收人开具并签章的提货单办理货物的出库。

（4）在货物出库过程中，发生货物损坏、灭失等情况，双方共同编制货运记录。如货物接收人在接收货物时没有就交付货物的数量和重量提出异议，视为港口已经按照约定交付了物。

（5）货物接收人提货单记载货物数量当天出库完毕，提货方应在仓库出库账本上予以

签认。

(6) 在货物出库过程中,根据货物动态,及时调整垛位图,并填写单船货物出库记录。

(7) 每票货物出库结束后,货物接收人应在港口作业合同第四联对收到的货物予以签收,签收后的作业单作为货物接收人收到货物的收据由港口经营人留存。

(8) 港口经营人在已履行《港口货物作业规则》中规定义务的情况下,因货物的性质或者携带虫害等情况,需对库场或者货物进行检疫、洗刷、熏蒸、消毒的,应当由作业委托人负责,并承担相关费用。

(9) 作业委托人或者货物接收人应当在约定或者规定的期限内接收货物。否则港口可以依照有关规定将货物转栈储存,有关费用和风险由作业委托人承担。

(10) 货物接收人逾期不提取货物的,港口经营人应当每10天催提一次,满30天货物接收人不提取或者找不到货物接收人,港口经营人应当通知作业委托人,作业委托人在港口经营人发出通知后30天内负责处理该批货物。作业委托人未在该期限内处理该批货物的,港口经营人可以按照有关规定将该批货物作无法交付货物处理。

第三节 火车作业库场工作程序

火车运输是港口货物集疏运的重要途径。港口一般都拥有自己的铁路专用线,在铁路专用线进行火车作业的货运程序有火车装车作业的货运程序和火车卸车作业的货运程序两种。

一、火车装车工作程序

1. 装车准备

(1) 接收货物接收人的发货指令和铁路转运流向。

(2) 审核待装车发运货物,并编制、登录货位图。

(3) 接收货物接收人的自备物品和加固材料,并在货位图上标明。

(4) 确定货物装车的积载规范。

(5) 提出装车的质量和相关要求。

2. 装车作业

(1) 接收当班装车作业计划,确定各作业线车辆对应的货位。

(2) 核查所装货物的船名、货名、票类、标志、包装、规格和装货车辆的车号,并与装车计划和垛位图记载内容相符。

(3) 向作业人员下达装车规范及质量和相关要求。

(4) 检查火车车厢清扫和车底铺垫情况,使其具备保证装车货物质量的要求。

(5) 指导作业人员按规范和标准进行装车作业。敞车装怕湿货物应在车内堆码成屋脊形,并苫盖良好,捆绑牢固。使用棚车装载货物时,对于装在车门口的货物,应与车门保持适当距离,以防挤住车门或湿损货物。

(6) 对散装货物的装车,采取轨道衡计量、在车厢上画线(根据火车的载重量、车厢底面积和货物的比重计算出货物在车厢内装载的高度,并以此画线)等方法确定装车数量。

(7)每车装货完毕,对货垛剩余货物数量和车内货物数量进行复核。

(8)每车发生的残损货物单独堆放,计数后编制事故报告并送达指定位置。

(9)每垛货物装完后,在垛位图上核销该货垛。装车完毕后形成的半垛,要对剩余数量进行复核,无误后在垛位图上修正。

(10)编制货物装车记录和货物出库记录。

二、火车卸车工作程序

1.卸车准备

(1)接收作业委托人货物铁路集港计划和每批集港货物的通知(包括铁路集港货物的货名、票类、规格、包装、数量和所载货物的车号、作业委托人自备物品和加固材料等)。

(2)根据货物情况确定货物的堆码库场。

(3)确定货物堆码的垛型。

(4)提出卸车的质量和相关要求。

2.卸车作业

(1)根据当班卸车作业计划,确定各作业线车辆对应的货位。

(2)卸车前,认真检查车辆、篷布苫盖、货物装载状态有无异状,施封是否完好。如有异状及时通知铁路货运和公安部门会同卸车。

(3)拆卸篷布和加固等,并送交指定位置。如属作业委托人自备物品和加固材料,则按作业委托人的要求分类堆放。

(4)核查所卸货物的货名、票类、标志、包装、规格和卸货车辆的车号,并与卸车计划和铁路运单或作业委托人的传真记载内容相符。

(5)卸车过程中,要认真检查货物情况。如发现原残货物,及时通知铁路货运部门查验并做好货运记录。作业过程中发生工残,做好事故报告。

(6)指导作业人员按规范和标准堆码货垛。

(7)每车卸货结束,核查实际卸车数字。如与铁路运单或作业委托人的通知记载不符,则编制货运记录。

(8)当班卸车结束,编制货物卸车记录。

(9)根据货物卸车记录编制货物入库记录,并编绘垛位图。

(10)将港口编制的货运记录送达铁路货运部门换取铁路货运记录。

第六章 库场货运单证

水路货物运输合同与单证是规范水路货物运输过程中各当事人权利、义务的重要依据，是保证水路运输过程连续性的主要凭证，同时也是水路运输各环节生产组织、货运交接、费用结算的基本单据。

运输合同与货运单证大体可分为：内贸货物运输合同与单证、外贸货物运输单证以及港口作业合同等。

第一节 内贸货物运输合同与单证

内贸货物运输合同与单证主要有：水路货物运输合同、运单、货物交接清单、货运记录、普通记录等。

一、水路货物运输合同

水路货物运输合同是指承运人收取运输费用，负责将托运人托运的货物经水路由一港（站、点）运至另一港（站、点）的合同。

水路货物运输合同分为班船运输形式下的运输合同和航次租船运输形式下的运输合同。

二、运单

国内水路货物的运输采用收货人记名制，以不具有流通性及物权性的运单作为其运输单证。

1.运单的功能

运单是运输合同的证明，是承运人已经接收货物的收据。

运单具有以下两个重要作用：

(1)运单是承运人收到货物，或者货物已经装船后，签发给托运人的一份货物收据；

(2)运单是承运人与托运人之间订立海上货物运输合同的证明。

2.运单的签发

《国内水路货物运输规则》第六十一条中规定："承运人接收货物应当签发运单，运单由载货船舶的船长签发的，视为代表承运人签发。"承运人接收货物后应当向托运人签发运单，签发运单是单方的法律行为，因此只要承运人一方签字或者盖章即可发生法律效力。

运单还设有收货人签章栏，这是收货人在到达港接收货物时向承运人签发货物收据而使用的。

3.运单的内容及填制要求

(1)运单的内容，一般包括下列各项：

①承运人、托运人和收货人的名称；
②货物的名称、件数、重量、体积(长、宽、高)；
③运输费用及结算方式；
④船名、航次；
⑤起运港、到达港和中转港；
⑥货物交接的地点和时间；
⑦装船日期；
⑧运到日期；
⑨包装方式；
⑩识别标志；
⑪相关事项。

（2）运单应按下列要求填制：
①一份运单，填写一个托运人、收货人、起运港、到达港；
②货物名称填写具体品名，名称过繁的，可以填写概括名称；
③规定按重量和体积择大计费的货物，应当填写货物的重量和体积(长、宽、高)；
④填写的各项内容应当准确、完整、清晰。

4.运单的流转

运单签发后承运人、承运人的代理人、托运人、到达港港口经营人、收货人各留存一份，其中一份由收货人收到货物后作为收据签还给承运人。承运人可以视情况需要增加或减少运单的份数。

运单从承运人签发至流通到收货人手中，可以有多种方式，如由托运人邮寄给收货人、委托承运人将运单随船带至到达港再转交收货人，甚至可以由托运人亲自送交收货人等。在具体实践中，第二种情况较为普遍。

当托运人将运输货物按照约定的交接地点和时间交给承运人时，承运人应当在运单上签字或者盖章以表明其已经按照运单的记载接收货物，运输合同开始履行。收货人提取货物后，应当在其持有的一联运单上签字或者盖章以表明其已经提取货物，并将该联作为收据交承运人留存，对于承运人来讲，这是运输合同履行完毕的证明。

三、交接清单

水路运输货物在港口作业中，港航之间要对货物发生事实上的交接（直装、直提除外），为保证交接的顺利进行，《港口货物作业规则》第五十二条规定："船方与港口经营人交接国内水路运输货物应当编制货物交接清单"，由货物交接清单对交接货物的数量、质量等内容进行记录。

交接清单记载的内容主要有：运单号码、托运人、收货人、识别标志、货物名称、件数、包装方式、重量、体积、实装、实卸等。内容中前9项的记载表明承运人接收时的货物状况；"实装"的记载表明装上船时货物的状况；"实卸"的记载表明卸下船时货物的状况。三个阶段的货物状况记载，显示了围绕运输货物发生的三次交接关系，从中可以看出，货物在运输全过程的不同阶段的数量及质量的实际变化情况（或者没有变化）。

"实装""实卸"又各自分为两个栏目,前一个栏目记载实际装/卸货物的数量;如果在装卸船作业过程中发现货物损坏、灭失的,按照《港口货物作业规则》的有关规定,交接双方还应当编制货运记录,为简化交接清单的内容,可将货运记录的编号填写在后一个栏目内。

货物交接清单适用于在起运港和到达港的两次港航交接,涉及起运港港口经营人、到达港港口经营人和船方三方当事人,因此,交接清单编制后,两港的港口经营人各自留存一份,船方留存一份。即本清单应当共有三联,有关当事人视具体情况可适当增加。

货物交接完毕,交接双方应当在交接清单上签字或盖章表示确认。

四、货运记录

根据《国内水路货物运输规则》和《港口货物作业规则》的有关规定,货物交接双方发现货物损坏、灭失的,双方应当编制货运记录,货运记录的编制应当准确、客观,而且应当在货物交接时由双方共同编制,并以签字或盖章的形式表示确认。如对事实状况难以达成共识,交接双方可以在货运记录上将各自的观点分别加以记载,无需一律强求双方意见的一致。当发生索赔等情况时,此种记载的证据效力如何,则由司法机关依法予以认定。

1. 货运记录的编制份数

(1) 进入港口库场前发生的,一式五份。作业委托人、起运港港口经营人各一份,三份交承运人(承运人自留一份,交到达港港口经营人和收货人各一份)。

(2) 装船前和装船时发现和发生的,一式四份。起运港港口经营人和承运人各一份,由承运人交到达港港口经营人和收货人各一份。

(3) 卸船时发现和发生的,一式三份。承运人、到达港港口经营人、收货人各一份。

(4) 交付时发现和发生的,一式两份。到达港港口经营人和收货人各一份。

2. 货运记录的内容

(1) 货物装卸运输过程中涉及多方当事人和很多次交接,但无论谁与谁交接,对于交接本身来讲,交接双方一方是交货方,一方是接货方。

(2) 提/运单号码、作业合同号码、船名、航次、起运港、中转港、到达港。要求在货运记录上填写上述内容,是为了便于有关当事人了解货物在装卸运输中的基本情况,以及必要时对相关单证进行查询,以提高工作效率。

(3) 交接地点、时间。按照运输合同和作业合同中约定的交接地点、时间办理货物交接时,发现货物损坏、灭失的,双方编制货运记录。

(4) 车号。车号是指运送相关货物的火车、汽车等车辆的号码。

(5) 记录内容。交接双方对交接过程中发现的货物数量、质量等方面的损坏、灭失等情况在本栏目加以客观性的记载。发生纠纷时,本记录及相关的运输、港口作业单证可共同作为判明有关当事人责任的证明材料。

(6) 编制。运输关系中由承运人负责编制,港口作业关系中由港口经营人负责编制。

五、普通记录

普通记录是应有关当事人的要求,而出具的一般性的证明材料。与货运记录相同,普通记录的编制应当准确、客观,是对运输过程或者港口作业过程中所发生事实的一种客观描述。

由于普通记录是一方当事人出具的证明性材料,因此只要出具记录的一方当事人签字或者盖章加以确认即可。

发生下列情况,需编制普通记录。

(1)货物发生损坏、灭失,按照约定或者有关规定,承运人和港口经营人可以免除责任的。

(2)托运人跟附在运单上的单证丢失。

(3)托运人押运和舱面货物发生非承运人责任造成的损坏、灭失的。

(4)货物包装经过加工整理。

(5)收货人要求证明与货物数量、质量无关的其他情况。

第二节 外贸货物运输单证

外贸货物运输单证有些是受国际公约和各国国内法约束的,有些则是按照港口当局和航运习惯而编制使用的,尽管这些单证种类繁多,但主要单证是基本一致的,并能在国际航运中通用。

在装货港编制的单证主要有:托运单、装货单、收货单、提单、装货清单、载货清单等等。

在卸货港编制的单证主要有:理货计数单、现场记录、货物残损单、溢短单、提货单等。

一、托运单

托运单是指托运人根据买卖合同和信用证的有关内容向承运人或其代理人申请办理货物运输的书面凭证,又称"订舱单",在合同过程中具有要约性质。

托运单的内容:托运人、承运人、货名、重量、体积、件数、识别标志、包装形式、装船期限、信用证有效期、起运港、目的港等。

二、装货单

装货单是承运人的代理人根据托运单的有关内容,就船名、航班、运价等相关事项与托运人商定后,由承运人的代理人签署而形成的一份出口货运的承诺性文件。托运人持承运人的代理人签署的装货单,连同有关货物的其他单证到海关办理出口货物报关手续,海关查验后,在装货单上加盖海关放行图章,此时的装货单习惯上又称"放行单",承运人依据"放行单"上记载的内容接收货物装船承运。

装货单的作用:是托运人办妥货物托运手续的证明;是承运人下达给船舶接收货物装船承运的命令;是办理海关放行手续的主要单证;是制作其他货运单证的主要依据。

装货单是出口货物水路运输的重要单证,实际业务中,通常制成联单形式,包括托运单、收货单等。

三、收货单

收货单是指货物装上船后,由船舶大副签署给托运人作为证明船方已收到该货物并已装上船的凭证,故收货单又称"大副收据"。

在货物装船时,大副必须认真核对装船货物是否与装货单上的记载情况相符合,如货物外表状况不良或存在缺陷,就应该在收货单上实事求是地加以批注,收货单上有了大副的批注,则这张收货单称为"不清洁收货单",反之,称为"清洁收货单"。

收货单的作用:是船方收到货物的收据;是托运人换取提单的凭证;是有关货损、货差情况的证明文件。

托运人取得了大副签署的收货单后,即可凭此向承运人或其代理人换取正本已装船提单。

四、提单

提单是指用以证明海上货物运输合同和货物已经由承运人接收或者装船,以及承运人保证据以交付货物的单证。

五、装货清单

装货清单是承运人或其代理人根据装货单留底联,将全船待装货物按目的港和货物性质归类,依航次、靠港顺序编制的装货单汇总单。

装货清单是船舶进行配载以及港口安排货物入库、制订装卸计划、进行装货和理货的主要依据。

六、载货清单

载货清单又称"舱单",是一份按卸货港顺序逐票列明全船实际载运货物的汇总清单。它是在货物装船完毕后,由船公司的代理人根据大副收据或提单编制,编妥后再送交船长签认,载货清单可分为进口载货清单、出口载货清单、过境货物载货清单。

载货清单的作用:是海关对船舶所载货物进出国境进行监管的单证;是船方所装载运往各港货物的证明;是承运人的卸货港代理人联系卸货事宜的依据。

七、理货计数单

理货计数单是舱口理货工作使用的主要单据。它是理货员与货物交接方办理货物交接的凭证,是计数字、分标志的原始记录。在装货时,是签批收货单实装件数的来源;在卸货时,是确定提单/舱单数字的唯一原始记录。同时,也是处理因货物溢短而引起索赔时的最原始的单据。

理货计数单主要内容有:船名、舱别、工作起止时间、提单/装货单号、标志、包装、计数、小计等。此外,还有交接双方的签字栏目。

八、现场记录

现场记录是记录进出口货物原残、混装和各种现场情况的原始记录,是编制残损单的主要依据。它的特点是随时发生、随时记录、随时签认。

九、货物残损单和溢短单

货物残损单是记载进口货物原残的证明;是船、港双方对残损货物分清责任和船、货双方对原残货物进行交接的凭证;是收货人向船方对原残货物索赔和商检部门对原残货物进行检验、鉴定和对外出证的重要依据。

货物溢短单是记载进口货物实卸件数比舱单所列件数溢出或短少的证明;船方签认后,可作为船、货双方货物交接凭证;是收货人在货物短少时向船方提出索赔的依据;是船公司受理索赔的依据。

十、提货单

提货单俗称"小提单",是由承运人的代理人签发给提单持有人或其他指定收货人的、要求在规定时间和指定地点提取指定货物的单证。通常情况下,是由收货人或其代理人向承运人在卸货港的代理人交出正本提单,承运人的代理人签发一份提货单给收货人或其代理人,而后到港口提取货物。

提货单是提单的延伸性文件,是货物所有权的一种凭证,但不能转让。

第三节 港口作业合同

港口作业合同与作业单证的管理是港口货运生产的重要内容,尽管不同港口作业合同与作业单证的格式与名称不尽相同,但其作用与内容是基本一致的。

一、港口作业合同

港口作业合同是指港口经营人在港口对水路运输货物进行装卸、驳运、储存、装拆集装箱等作业,作业委托人支付作业费用的合同。

其中,港口经营人是指与作业委托人订立作业合同的人。

作业委托人是指与港口经营人订立作业合同的人。

货物接收人是指作业合同中,由作业委托人指定的从港口经营人处接收货物的人。

1.港口作业合同一般条款

(1)作业委托人、港口经营人和货物接收人。

(2)作业项目。

(3)货物名称、件数、重量、体积。

(4)作业费用及结算方式。

(5)货物交接的地点和时间。

(6)包装方式。

(7)识别标志。

(8)船名、航次。

(9)起运港和到达港。

(10)违约责任。

(11)解决争议的方法。

港口作业合同的标的并非其作业的对象——货物,而是港口经营人提供的作业服务。其合同履行期间为从港口经营人接收货物时起至交付货物时止。

订立作业合同可以采用书面形式、口头形式和其他形式。书面形式是指合同书、信件和数据电文(包括电报、电传、传真、电子数据交换和电子邮件)等可以有形地表现所载内容的形式。

采用合同书形式订立作业合同的,自双方当事人签字或者盖章时合同生效。采用信件、数据电文等形式订立合同的,可以在合同成立之前要求签订确认书,签订确认书时合同成立。采用合同书形式订立合同,在签字盖章之前,当事人一方已经履行主要义务、对方接受的该合同成立。

港口作业合同,贯穿货物在港作业过程,集发票、收据、港口作业项目记录于一体的单证。

2.港口作业合同主要功能

(1)收到货物的收据。对于装船货物港口,收到货物后,应对收到的货物在该单上签认;对于卸船货物,货物接收人收到货物后,也应在该单上签认。

(2)是港口货运部门批注货物在港口作业、堆存情况的现场记录,是港口费收的依据。

(3)是港口基层货运部门装船货物入库、卸船货物出库的凭证。

二、作业合同管理规定

(1)记账班负责作业合同的复核、把关、管理工作,并及时利用传真等工具传递给合同中标明货物的所在各保管班,并执行以下工作程序。

①件货作业合同传递程序。接到货主、代理送达的软硬两联作业合同,当场给予复核确认后,将软联留在账班保管,硬联交由货主、代理送达各保管班组,并按合同要求提货。

②散货作业合同传递程序。接到货主、代理作业合同,当场给予复核确认后,利用传真将作业合同传至保管班,通过电话双方落实收取情况,并做好相关记录,原件留在记账班。

③依据各班组填写的装车出库卸车入库记录簿数据,每天在作业合同上做好批注。

(2)各保管班组负责提货作业的合同管理,重点做好以下工作。

①班组要建立作业合同专用夹,定置妥善管理,便于查阅。

②当日提货完毕,保管员要填写好"港口货物出入库记载"栏中的内容。如有涂改,须经个人盖章签字认可。

③货物提取完毕,保管班要在两日内将作业合同送交记账班管理。

(3)特殊情况下的作业合同管理。夜间,货主携带作业合同前来提货后,由保管班组依据合同要求发货并收取作业合同,第二天给予记账班管理。

(4)每份作业合同的批注,记账班都要严格把关,认真对照装车出库入账簿和单船台账核实查对。

(5)船舶作业结束,记账班要在当日将该船货物的溢短情况上报。

第四节　库场理货相关单证

港口库场理货作业涉及的单证主要有:船舶(火车)理货记录、货物出入库记录、事故报告、出门证等。

一、船舶(火车)理货记录

船舶(火车)理货记录是港口进行货物装卸船、装卸火车、散货灌包、货物转栈作业时的拆码、移动记录。

该记录用于船舶装卸时,以单船为编制单位;用于火车装卸时,以货种或收货方为编制单位。

二、货物进出库记录

货物进出库记录是进出口货物进出港口库场基础记录,是货物在港口的动态反映,是港口与货方进行费用结算的依据,是港、货双方进行货物交接的港口原始记录。

三、事故报告

事故报告是记载在港口作业过程中发生货损货差情况的记录,是港口内部处理货运事故的原始依据。

四、出门证

出门证又称货物码头放行证,它既是货物出码头大门的放行证,又是仓库与客户进行货物交接的一种原始单证,为此要认真执行好港口货物、物资出港证使用管理规定,做好出门证的管理。

(1)货物、物资出港证应由专人保管,不得转借、代用或转交他人保管、使用。

(2)对领取的货物出门证,按实际领取时间立账,记明数量和号码。

(3)使用中,个人要妥善保管,服从有关部门的检查,使用完的出门证及时交回并验收签字销账。

(4)理货员使用出门证发货,须由队领导指定专人在指定的地点发放指定货物,任何理货员无权发放未批准的货物。

(5)货物出门证填写一式二份,交接双方必须签字认可,一份给接方换取微机打印出港凭证,一份留存备查。

(6)货物、物资出港证使用时,使用人要到现场发货或监装,做到一车一证,一证一清,签发的出港证应当注明离港时间。承运人应在规定时间内离港,不得滞留港区,逾期出港证无效。

(7)货物、物资出港证的填写,必须按照出港证表格栏目中的要求,逐项认真填写,工整清晰,货、证数字必须相符。

(8)货物、物资出港证必须加盖专用章后方可使用,未加盖专用章的出港证不得使用。

(9)填发货物、物资出港证,使用人应当签名,不得使用私人印章。

(10)货物、物资出港证不得涂改,如填写有误要注明作废,涂改无效,不得随意撕毁。作废出门证右上角要注明"作废"两字。严禁开空白出门证。

(11)理货员、保管员对货物出门证要妥善保管,发现丢失,及时上报领导或有关上级主管部门。

第七章 危险品库管理

随着我国经济的发展，能源需求量越来越大，石油及各类化工产品的需求增长，港口作业危险品的种类和运输量呈上升趋势。由于危险品在运输保管过程中的特殊危险性，因此对危险品库作业、储存、保管、装卸、搬运等各个环节都要严格管理。

第一节 人员、作业及设备设施管理

一、人员管理

危险品库作业管理人员应认真执行国家、省、市有关危险化学品管理的法律法规和公司的有关规章制度，严格落实岗位责任制和交接班制度。做到坚守岗位，交接清楚、账物相符，票据周转及时，正确编制各类记录并字迹清楚。

(1) 危险品库保管员应熟悉库场储存的危险品的性质，保管业务知识和有关消防安全规定。危险品库保管员必须经过上级主管部门的培训，考试合格发证后持证上岗，严格遵守危险货物管理的各项规定，实行 24 小时值班巡逻检查制度。

(2) 当班值班人员对仓库、堆场设施、货物的安全负责。应保证昼夜 24 小时有人在库场、堆场、箱区内进行巡逻检查。值班人员 2 小时对危险源巡检一次，必须及时并正确填写巡逻检查记录。

值班巡逻时，精力要集中，仔细观察巡查部位、角落。夜间要注意墙外，栅栏处的任何声响和灯光。发现异常情况要沉着冷静，正确处理并及时向领导报告。

值班人员对进出危险品场地大门的车辆和人员要严格按照规定要求进行检查和出入库登记(表 1-7-1)，无关人员和违反规定者不得入内。

进出库登记   表 1-7-1

日期	值班员	入库车号	所属单位	事由	人数	司机姓名	身份证号	货物件数	破包情况	入库时间	离库时间	备注

续上表

日期	值班员	入库车号	所属单位	事由	人数	司机姓名	身份证号	货物件数	破包情况	入库时间	离库时间	备注

值班人员要现场进行交接班,交接双方签字确认,如上班问题接班者未查出,由接班人员负责。

每天收听天气预报,观察天气变化,遇有台风和八级以上大风,应提前采取措施,遇有海啸要将堆场存放的货物转移。

(3)作业人员必须经过专业培训才能参加作业。作业人员应严格执行危险品的出入库手续,对所保管的危险化学品必须做到数量准确,账物相符。

作业人员不得疲劳上岗、酒后上岗。凡进出库车辆、机械、人员必须严格遵守库场管理制度,服从理保人员指挥,严禁随身携带烟火,工作完毕后,应立即离开。

(4)仓库保管员应根据货运市场部签批的卸货场地安排卸货库场。严格落实有针对性的安全措施,装卸危险货物理货员、保管员负责召开工前会,落实工序要求,监督检查装卸作业,并指导作业班组按危险品管理规定作业。

仓库保管员在接卸出口危险品时,没有危险包装检验人员出具合格的《危险货物包装现场检查记录单》不能卸地。卸车时,包装不符合危险品管理要求的货物,如没有标志、唛头不符、残损等不予卸车。对不能及时解决的问题,保管员应及时向领导汇报,等到解决后方能卸货。

保管员会正确使用劳保用品,并指导进入仓库的工人正确使用穿戴劳保用品。

(5)作业完毕,理货员或保管员必须认真填写工作记录,保管好有关单证和资料,对所装卸的货物进行全面检查,并负全部责任。

二、作业管理

（1）在装卸危险货物前，要了解危险货物的性质、装卸工艺以及防火措施。作业班组须经保管员指定场地才能卸货，卸货时应使用专用工属具，并降低25%负荷，按危险品说明书的规定操作。对怕热、怕潮物品，应采取隔热、防潮措施。

（2）装卸作业一般宜在白天进行，应选择在遮阳篷内或无日光照射、通风良好的场地进行。在炎热季节，应在早晚作业，晚间作业应用防爆式或封闭式的安全照明。夏季作业时间的每日10~18时和法定节假日一级易燃易爆危险品禁止作业，此规定时间内无关人员车辆不得进入危险品库区。雨、雪、冰封时作业，应有防滑措施。

（3）危险货物必须进入仓库或专用堆场存放。对性质不同的多种类货物要按危险程度分别归入各专用仓库内或库内不同区域存放。两种性能互相抵触的物品，不得同地装卸。

货物要按票成行成线，标志朝外，箭头朝上堆码。货垛安排合理，对互相有抵触、易受污染、易腐变质的货物，应按性质采取相应的隔离措施，防止相互影响或变质、污损，残损货物单独堆码，单独标识。

外场地货物堆码应留出消防通道，不得占压、堵塞消防设施。码垛整齐，坚实牢固，苫盖严实，捆绑牢固，垛型标准。

（4）作业时做到轻装、轻卸，防止撞击重压、倒置，严禁摔甩翻滚。标有不可倒置标志的物品切勿倒放。发现包装破漏，必须移至安全地点整修，或更换包装。危险物品洒落在地面、车上时，应及时扫除，对易燃易爆物品应用松软物经水浸湿后扫除。

（5）装卸搬运爆炸品、一级易燃品、一级氧化剂时，禁止使用非防爆的通信工具，不得踩踏危险品及其包装。装车时，必须力求稳固，不得堆装过高。

作业工具应符合防火防爆要求，如作业的人员不得穿带有铁钉的鞋子。落实危险品安全操作规程，并根据各类危险化学物品的性质制定灭火应急措施。

（6）装卸搬运强腐蚀性物品，操作前应检查箱体是否已被腐蚀，以防发生危险。搬运时禁止肩抗、背负或用双手搅抱，只能挑、抬或用机械搬运。搬运堆码时，不可倒置、倾斜、震荡，以免液体溅出发生危险。在现场须备有清水、苏打水或醋酸等，以备急救时应用。

（7）作业结束应根据工作情况和危险品的性质，及时清洗手、脸、漱口或淋浴。

（8）货物储存要做到防混质、防霉变、防污染、防风、防台风、防汛、防火、防湿、防鼠虫害、防盗，妥善保管所存货物。并定期对库房进行定时通风，通风时不得远离仓库。

三、设施设备管理

（1）危险品库内不准设办公室、休息室，不准用可燃材料搭建阁层。无进出场作业时，危险品场地大门、库门要及时关闭，防止出现意外。

库内起重天车必须由具备操作资格的专业人员持证操作，其他人员禁止使用。严禁进入危险品库人员随意动用消防器材、电气设施等。

每周对沉淀池进行检查，发现水位达到三分之二处，联系相关部门派抽水车进行抽水。

（2）进入危险品库区的机动车辆和装卸机械，必须佩戴合格的防火罩，按规定路线行驶。理货员、保管员严格检查进库车辆、机械是否配备防火帽等，并讲明有关安全质量、防火防爆等要求。

进库车辆、机械必须听从理保人员的安全和交通管理,不准乱停乱放,机械车辆在库区不得进行加油、维修等工作。

机械车辆作业结束应立即开出库场大门,严禁在库场内清扫车辆、机械底盘及驾驶室内的垃圾、杂物。

(3)装卸搬运爆炸品、一级易燃品、一级氧化剂时,不得使用无防爆装置的运输工具。

用于危险货物装卸的各种机械、工属具安全系数要比用于普通货物大1倍以上。装卸机械、运输车必须有防止产生火花的防护装置,并禁止使用能摩擦产生火花的工属具。

卸车码垛时,必须使用保管员指定的专用托盘、垫木、苫布,不得随意使用普通货物苫垫设施。

(4)按照消防的有关要求对仓库内的消防器材进行定期检查、定期更换,并做好记录。库区内的消防器材要放在指定位置,对消防器材、消防设施、报警装置,进行定期检查,加强日常维护保养,防止锈蚀、失效,确保设施始终处于完好状态。

(5)设置与货物相应的标牌,内容包括货物品名、危规编号、性质、类别、灭火要求等。

安全和消防间距应符合规定并画线清楚、指示明确,垛距不少于1m,墙距不少于0.5m,消防通道不少于6m,消防器材、配电箱周围1.5m范围禁止堆存货物或放置其他物品。

第二节 危险品堆存管理及其应急处置

一、危险有害因素辨识与分析

危险、有害因素辨识就是根据评价对象的具体情况,辨识和分析危险、有害因素,确定其存在的部位、方式,以及发生作用的途径和变化规律。它是安全评价过程中非常重要、不可或缺的步骤,是划分评价单元,提出安全对策措施与建议的依据和原则。

危险有害因素辨识与分析的方法,以及所需要的资料和应掌握的技能可以用表1-7-2来表示。

危险有害因素辨识方法及所需资料　　　　表1-7-2

序号	方　　法	所需资料和应掌握的技巧
1	固有理化、毒性特性法	化学品安全技术说明书(CSDS)
2	事故类型分析法	掌握各种事故类型和生产工艺,逐一辨识人的因素、物的因素、环境因素和管理因素
3	案例分析法	掌握大量事故案例
4	对照、经验、类比法	熟悉物料、工艺和类比工程,按工序或岗位所发生的各类事故进行辨识
5	系统安全分析方法——事件树、事故树	掌握工艺、设备和事件树、事故树等分析方法
6	规范反馈法——法律、法规、标准对照分析	熟悉相关法律法规、标准规范

对库场装卸堆存过程中存在的危险有害因素进行辨识与分析。分析的对象是危险货物库场可能发生的主要生产事故和职工伤亡事故,分析的手段是从事故致因(也称危险因素)

的辨识与分析入手。

二、危险货物堆存管理

(1)各类危险货物库场堆存时隔离的一般原则见表1-7-3。

危险货物隔离　　　　　　　　　　　表1-7-3

类　项	1.1 1.2 1.5	1.3 1.6	1.4	2.1	2.2	2.3	3	4.1	4.2	4.3	5.1	5.2	6.1	6.2	7	8	9
爆炸品　1.1 1.2 1.5	*	*	*	4	2	2	4	4	4	4	4	4	2	4	2	4	×
爆炸品　1.3 1.6	*	*	*	4	2	2	4	3	3	4	4	4	2	4	2	2	×
爆炸品　1.4	*	*	*	2	1	1	2	2	2	2	2	2	×	4	2	2	×
易燃气体　2.1	4	4	2	×	×	×	2	1	2	×	2	2	×	4	2	1	×
无毒不燃气体　2.2	2	2	1	×	×	×	1	×	1	×	×	1	×	2	1	×	×
有毒气体　2.3	2	2	1	×	×	×	2	×	2	×	×	2	×	2	1	×	×
易燃液体　3	4	4	2	2	1	2	×	×	2	1	2	2	2	3	2	×	×
易燃固体　4.1	4	3	2	1	×	×	×	×	1	×	1	2	1	3	2	1	×
易自燃物质　2	4	3	2	2	1	2	2	1	×	1	2	2	1	3	2	1	×
遇湿易燃物品　4.3	4	4	2	×	×	×	1	×	1	×	2	2	1	2	2	1	×
氧化剂　5.1	4	4	2	2	×	×	2	1	2	2	×	2	1	3	1	2	×
有机过氧化物　5.2	4	4	2	2	1	2	2	2	2	2	2	×	1	3	2	2	×
毒害品　6.1	2	2	×	×	×	×	2	1	1	1	1	1	×	1	×	×	×
感染性物质　6.2	4	4	4	4	2	2	3	3	3	2	3	3	1	×	3	3	×
放射性物质　7	2	2	2	2	1	1	2	2	2	2	1	2	×	3	×	2	×
腐蚀品　8	4	2	2	1	×	×	×	1	1	1	2	2	×	3	2	×	×
杂类危险物质和物品 9	×	×	×	×	×	×	×	×	×	×	×	×	×	×	×	×	×

注1.表中的数码系指《水路危险货物运输规则》中定义的下列术语：
　　　1——"远离"（距离不少于3m）；
　　　2——"隔离"；
　　　3——"用一整个舱室或货舱隔离"；
　　　4——"用一介于中间的整个舱室或货舱作纵向隔离"；
　　　×——无一般隔离要求；
　　　*——见"水路危规"第1类引言隔离一节。
2.港口储存危险货物，其隔离数码分别表示：
　　库内　　　　　　　　场地
　　1——相距3m；　　　1——相距3m；
　　2——分库房；　　　2——相距10m；
　　3——中间隔一个库房。 3——相距30m。
3.本表中1.1-9是指"水路危险货物运输规则"中危险货物的分类、分项。

(2)经常装卸危险货物的港口,应建有存放危险货物的专用库场;建立健全管理制度,配备经过专业培训的管理人员及安全保卫和消防人员,配有相应的消防器材。库场区域内,严禁无关人员进入。

(3)非危险货物专用库场存放危险货物,应经港口管理机构批准,并根据货物性安装电气照明设备,配备消防器材和必要的通风、报警设备。库场应保持干燥、阴凉。

(4)危险货物入库场前,应严格验收。包装破损、撒漏、外包装有异状、受潮或粘污其他货物的危险货物应单独存放,及时妥善处理。

(5)危险货物堆码要整齐、稳固,垛顶距灯不少于1.5m,堆垛距墙不少于0.5m,垛距不少于1m。性质不相容的危险货物、消防方法不同的危险货物不得同库场存放,确需存放时应符合相关隔离要求。消防器材、配电箱周围1.5m内禁止存放任何物品。堆场内消防通道不少于6m。

(6)存放危险货物的库场应经常进行检查,并做好检查记录,发现异常情况迅速处理。

(7)危险货物出运后,库场应清扫干净,对存放危险货物而受到污染的库场应进行洗刷,必要时应联系有关部门处理。

(8)对无票、无货主或经催提后收货人仍未提取的货物,港口可依据国家《关于港口、车站无法交付货物的处理办法》的规定处理。

(9)对危及港口安全的危险货物,港口管理机构有权及时处理。

三、库场各类危险品应急处置

1.爆炸品应急处置(包括第1.1类、1.2类、1.3类、1.4类、1.5类爆炸品)

(1)需配备的专用应急器材:防护服(手套、靴子、防火工作服、带护镜的头盔)、自给式空气呼吸器、防火花软底鞋、软刷和塑料簸箕。

(2)泄漏应急行动:扫除或收拾起这些危险物品,如物品仍然完整但出现损害,应将其隔离,并寻求指示。应保持泄漏爆炸物的湿润,如可行,应使用软刷和塑料簸箕收集泄漏爆炸物,以便将泄漏物和污染了的设备安全地转移处置。

(3)火灾(爆炸)应急行动:如爆炸物包件没有直接卷入火中,要尽量防止火触及爆炸物。通常的做法是:保持包件湿润,在尽可能远离的地方用水射流将火隔开。如实际可行,应尽快转移可能卷入火中的爆炸物包件。如火触及爆炸物,应立即放弃处置,并将人员迅速撤离该区域。

2.压缩气体应急处置(包括易燃或非易燃、有毒或无毒、有腐蚀性、氧化剂)

(1)需配备的专用应急器材:防护服(手套、靴子、连体工作服、安全帽)、自给式空气呼吸器、喷雾水枪。

(2)泄漏应急行动:如实际可行,应尽快阻止泄漏。

(3)火灾(爆炸)应急行动:在尽可能远的地方使用水雾、泡沫或干粉灭火。用大量的水使相邻的容器保持冷却,迅速将未受损坏、经冷却的危险货物包件转移到安全地点。

3.冷冻液化气体应急处置(包括易燃的、有毒的、有腐蚀性的)

(1)需配备的专用应急器材:适合的防护服(手套、靴子、连体工作服、安全帽)、自给式空气呼吸器、喷雾水枪。

(2)泄漏应急行动:如实际可行,应采取措施阻止泄漏,在尽可能远的地方用水射流以加

速蒸发,不要将其喷于泄漏物上。要保证水流方向不将液体推向应急救援人群,或靠近火源或与其交界的区域。不要将水射流直接喷射在泄漏排放的裂口处。

(3)火灾(爆炸)应急行动:应使用大量的水从尽可能远的地方冷却环境和相邻的容器,在可能的情况下迅速将未受损坏、经冷却的包件转移到安全地点。

4.易燃液体应急处置(包括有毒的、腐蚀性的、遇水反应的)

(1)需配备的专用应急器材:防护服(手套、靴子、连体工作服、安全帽)、自给式空气呼吸器、喷雾水枪。

(2)泄漏应急行动:如在室内泄漏,应进行充分通风。应及时用沙土覆盖或用松软的材料吸附易燃液体,集中收集后移到空旷安全处销毁。急救时应防止液体流入下水道、河流造成污染,或引起火灾、爆炸。

(3)火灾(爆炸)应急行动:应使用干粉灭火,或其他非水灭火装置灭火。在条件允许的情况下,应迅速转移可能卷入火中的其他易燃液体容器。

5.易燃固体应急处置

(1)需配备的专用应急器材:防护服(手套、靴子、连体工作服、安全帽)、自给式空气呼吸器、喷雾水枪、惰性材料。

(2)泄漏应急行动:如实际可行,应收集起泄漏物,并重新包装。

(3)火灾(爆炸)应急行动:用水冷却物品和包件,并在可能时将其转移,应使用雾状水,不得使用水射流。

6.易自燃物质应急处置

(1)需配备的专用应急器材:防护服(手套、靴子、连体工作服、安全帽)、自给式空气呼吸器、喷雾水枪、惰性材料。

(2)泄漏应急行动:易自燃物质泄漏会导致火灾,应使用惰性材料收集,使其窒息,应迅速将未损坏的容器转移到安全地带。

(3)火灾(爆炸)应急行动:在尽可能远的地方用消防管喷射水雾。

7.氧化物应急处置

(1)需配备的专用应急器材:防护服(手套、靴子、连体工作服、安全帽)、自给式空气呼吸器、喷雾水枪、惰性材料。

(2)泄漏应急行动:根据货物特性,使用惰性材料收集,不得使用木屑或其他易燃材料作为吸收物,收集后放在适当地点观察,确认不会发生意外,再入库存放。

(3)火灾(爆炸)应急行动:在尽可能远的地方使用大量的水喷射,迅速转移可能卷入火中的容器,或用大量水对其他容器进行冷却。

8.过氧化物应急处置

(1)需配备的专用应急器材:防护手套、靴子、护目镜、自给式空气呼吸器、喷雾水枪。

(2)泄漏应急行动:如可行,应迅速阻止泄漏。

(3)火灾(爆炸)应急行动:在尽可能远的地方用雾状水灭火,避免使用水射流。当火灾扑灭后,应当仍然保持对火场的监视,并尽可能与容器制造商联系,取得支持。

9.有毒液体应急处置

(1)需配备的专用应急器材:防护服(手套、靴子、连体工作服、安全帽)、自给式空气呼吸器、喷雾水枪、惰性材料。

(2)泄漏应急行动:如实际可行,应使用吸收材料收集泄漏物。如泄漏发生在封闭区域,应立即进行通风。

(3)火灾(爆炸)应急行动:用大量水或其他方法灭火,对可能卷入火中的容器,应使用大量水进行冷却。

10.有毒固体应急处置

(1)需配备的专用应急器材:全套防护服(手套、靴子、连体工作服、安全帽、护目镜)、自给式空气呼吸器、喷雾水枪。

(2)泄漏应急行动:如实际可行,应收集泄漏物,以便安全处置。

(3)火灾(爆炸)应急行动:用大量水或其他方法灭火,对可能卷入火中的容器,应使用大量水冷却。

11.熔融的有毒物质应急处置

(1)需配备的专用应急器材:防护服(手套、靴子、连体工作服、安全帽)、自给式空气呼吸器、喷雾水枪、惰性材料。

(2)泄漏应急行动:隔开热源,让其凝固,可能的话堵住泄漏。如实际可行,收集泄漏物,以便安全处置。

(3)火灾(爆炸)应急行动:使用大量水或其他灭火剂灭火。

12.腐蚀性物质应急处置

(1)需配备的专用应急器材:防护服(手套、靴子、连体工作服、安全帽)、自给式空气呼吸器、喷雾水枪。

(2)泄漏应急行动:根据货物的酸碱性,用稀酸或稀碱中和。

(3)火灾(爆炸)应急行动:使用水雾或水射流,保持临近容器的冷却,如有可能,迅速转移卷入火中的容器。

第八章 仓储质押

第一节 仓储质押融资

早在100多年前,仓储质押融资业务在欧美等发达国家已开始流行,现仍是企业的一种主要融资方式,它属于结构融资,被誉为20世纪以来金融市场最重要、最有生命力的金融创新之一,在美国金融市场,该业务已占据1/3的份额。

一、概述

我国的仓储质押融资业务最初起源于广东、江苏、浙江一带,业务分布主要是生产制造企业、物贸业密集的地区,各银行以不同方式推出如现货质押、仓单(提单)质押、买方信贷等多种金融物流品种,银行俗称保兑仓业务,仓储质押融资是结构融资的一种,它具有强大的生命力,它是指企业将拥有未来现金流的特定资产剥离开来,设计合理结构,按特定资产为标的进行融资。也可以理解为以现金资产将企业资产从其资产负债表中替换,在资产负债率不变的情况下,增加高效资产。结构融资中,将未来可以产生现金流的资产进行质押,质押资产的产权结构被重新安排在银行、质押管理者之间,一般来说,其占有权将转移给贷出方。

仓储质押融资业务突破国内传统风险控制模式,由静态、孤立的风险控制理念变为动态、系统的风险控制理念,深入分析资金(货物)供应链企业之间的交易关系,通过对贸易背景真实性,交易对手的规模、信用和实力,提高交易客户违约成本,封闭运作,期限金额与贸易的匹配,合同单据的控制等方面的把握来控制风险,同时为客户信用体系建立提供服务,它实际上已形成了"供应链金融",仓储质押融资在融资结构中包括四个方面:基于质押存货的产权结构、融资额度(即风险敞口、风险暴露)和偿还结构、费用结构、风险规避结构。这些结构的制定是在银行、借贷者和质押管理者共同参与下完成的,体现为三者之间的合约。

二、融资模式

仓储质押融资最显著的一个特点是个性化需求服务,针对不同客户可以制订多种融资模式。

1.仓单质押

由借款企业、金融机构和物流公司达成三方协议,借款企业把质物寄存在物流公司的仓库中,然后,凭物流公司开具的仓单向银行申请贷款融资,银行根据质物的价值和其他相关因素向其提供一定比例的贷款,质押的货品并不一定要由借款企业提供,也可以是供应商或物流公司。

2.买方信贷

对于需要采购材料的借款企业,金融机构先开出银行承兑汇票,借款企业凭借银行承兑汇票向供应商采购货品,并交由物流公司评估入库作为质物,金融机构在承兑汇票到期时兑现,将款项划拨到供应商账户,物流公司根据金融机构的要求,在借款企业履行还款义务后释放质物,如果借款企业违约,质物可由供应商或物流公司回购。

3. 现货质押

由借款企业、金融机构、监管公司达成三方协议,借款企业把质押物移交给金融机构指定的仓库(仓库划分为第三方仓库、出质人自有仓库),现货质物由金融机构占有,委托监管公司监管,金融机构确定质物的单价,监管公司按照金融机构核定的监管质物总值监管质物的数量,同时承担审定质物权属和保管的责任,金融机构根据借款企业实际提供的经监管公司确定的质物价值的一定比例发放贷款。

4. 动态质押

动态质押使得企业在质押期间获得流动资金的同时,不会影响到其正常生产、销售,产生了资金放大效应,动态质押就是要使企业沉淀在原材料、半成品、成品的库存资金变成现金流动起来,同时又通过专业的监管公司渗透到企业的各个交易层面,掌握资金的流向,根据授信额度控制风险敞口,确保银行放贷资金的安全,专业监管公司的专业管理又促进了融资单位的内部管理,使其管理和业务流程及资金链的加速运转都起到了极大的推动作用。动态质押主要有以下几种方式。

(1) 循环质押(滚动质押):考虑到仓单的有效性(仓单有效期、质物保质期)等因素,在质押期间,按与银行的约定,货主可用相同数量的产品替代原有质物,保证银行债权对应的质物价值不变。

(2) 置换仓单质押:在质押期间,按与银行的约定,货主可用新仓单置换替代原有仓单,银行释放相应的原有质押仓单,同时,保管人解除对相应质物的特别监管,置换后保证银行债权对应质物的价值不减少。

(3) 信用或保证金置换仓单质押:在质押期间,按与银行的约定,货主可用增加保证金或提供新的信用担保等方式置换替代原有质押仓单,置换后保证银行债权对应质物的价值不减少(可以增加),银行释放相应的质押仓单,同时保管人解除对相应质物的特别监管。

(4) 动态控制存量下限质押(流动质押):可分为动态控制库存数量下限和动态控制存货价值量下限两种,动态控制库存数量下限,与循环质押相同;动态控制库存价值量下限,与置换仓单质押相同,在保证银行债权对应质物的价值不减少的情况下进行监管。

三、质押融资的优势

(1) 仓储质押融资服务为企业带来了融资便利。仓储质押融资服务大大降低了企业的融资成本。作为中小企业,由于规模小,固定资产少,很难从银行通过固产质押物获得贷款。而在仓储质押融资模式下,企业支付给仓储企业的费用仅在银行贷款利率基础上上升0.3%~0.5%,融资成本还不到典当借款的1/5。很好地解决了企业经营融资问题,使之获取更多的流动资金,达到扩大经营规模和提高经济效益的目的。

(2) 对于仓储企业来说,开展仓储质押融资服务收益良多。仓储企业通过与银行合作,监管客户在银行质押贷款的商品,可以更好地融入到客户的商品产销供应链中去,有利于仓储物流企业的业务整合,同时也加强了与银行之间的同盟关系。仓储企业通过融资服务解决了中小企业融资难的问题，提高了企业自身物流服务的附加值，既增加了利润来源，又可以稳定和吸引更多的中小企业客户，突出其竞争优势。

（3）对于银行来说，仓储质押融资服务作为一个新的经济增长点，风险相对较低。银行通过仓储质押融资服务可以扩大和稳固其客户群，树立竞争优势，开辟新的利润来源。银行在质押贷款业务中，仓储企业作为第三方可以为中小企业提供库存商品信息和可靠的质押物监管服务，由此降低信息不对称带来的信贷风险，降低质押物评估过程及其由此产生的费用。

因此，仓储质押融资服务作为一种新型的融资模式，在方便企业融资的同时，更保证了仓储物流企业与银行的利益，能在中小企业、银行和仓储企业三者之间形成多赢局面，使参与各方受益，因而这项服务有持久的生命力和广阔的发展前景。

四、保障措施

1. 利益相关方要树立强烈的风险意识

仓储质押融资服务无论采用哪一种模式都存在着一定的风险。因此，作为融资服务的中介，仓储企业必须防范融资过程中的各种风险。选择客户要谨慎，要考察其业务能力、业务量及货物来源的合法性，防止客户选择不当带来的资信风险；选择合适的质押品种，如黑色金属、有色金属、大豆等价格涨跌幅度不大、质量稳定的品种，防止质押物因质押期间的巨大变化带来价格和质量风险。

2. 仓储企业与中小企业、银行应建立良好的合作伙伴关系

在仓储质押融资服务过程中，通过客户资信调查、客户资料收集、客户档案管理、客户信用等级分类及信用额度稽核等措施，仓储企业对客户进行全方位的信用管理。仓储企业与银行建立长期合作关系，可以更好地取得金融机构的信用，有效地提高仓储质押融资服务的效率。

3. 仓储企业要加快信息化建设

先进的仓储设施，直接影响到货物查验的速度和成本，影响仓库的储存、加工、配送效率和服务质量。先进的网络化技术和仓储管理技术的应用，将会节约更多的时间、资源，减少流通损耗，降低库存压力。要加大力度建立仓储信息系统，及时掌握仓储市场信息，提高仓储的利用率和企业的经济效益，营造出一个有利于仓储信息流畅、良好的信息环境。

第二节 质押监管业务

质押监管是指出质人（货主）以合法占用的货物向质权人出质，作为质权人向出质人授信融资的担保，监管（保管）人接受质权人的委托，在质押期间按质权人指令对质物进行监管的业务模式。

出质人（货主）需要更多在库商品，需要融资；质权人寻找融资客户，而且风险需要降低最低；监管方监管出质人（货主）融资商品替质权人把控风险，并且承担风险，三者合作产生质押监管业务。

一、质押监管概述

质押的基本含意是指为确保债权的实现,贷款人将货物或物权凭证移交银行占有,以此担保偿还贷款。质押监管业务一般涉及三方,即贷款人(客户)、金融机构(银行为主)和物流企业(监管方),通俗地说,就是贷款人把质押物寄存在物流企业的仓库中,然后凭借物流企业开具的仓单就可以向金融机构申请贷款融资,物流企业作为公正的第三方对客户的货物进行监管;当客户需要提货时,只需要出具金融机构的放行条就可以获准放行。

二、质押监管员

监管员是指在质押融资业务中,作为监管方代表派驻出质方,对质押物进行直接占有并进行全面的监管,确保质权方货值安全的工作人员。

1.监管员岗位职责

监管员的主要职责是按照公司与银行签订的委托要求,进入监管单位,根据质押监管员现场监管操作流程,对质押单位质物的入出库进行现场控制。对质押物的出入库单据,及时录入系统操作软件。按照公司要求填写各种表单,在现场挂贴监管标示和标签,定期盘点质物的库存,发现异常情况及时汇报公司上级。根据公司的指示与质押单位进行沟通与交涉。

2.监管员工作内容

监管员工作模式属于驻外仓库的形式,作为监管方代表派驻出质方,对质押物进行全面监督管理。主要任务是以对质押物直接占有,并确保质物价值不低于质权方核定的最低货值。该工作具有业务性质和办公室性质的双重性质,需要一定的交涉、谈判能力,也需要初级账务处理能力,特别需要细心,对数据敏感,并有高度责任感,具备一定的洞察能力和风险意识。监管员的主要工作有:

(1)货位盘点:每日对抵押物进行盘点(无法盘点重量的抵押物仔细核实数量),按分类明细统计盘点结果,以此作为当日台账的库存量,并及时更改货位图。

(2)进出库单:对完货位之后,统计上一工作日的进、出仓数据,填写进、出单。

(3)分类明细账:根据进、出仓列表的数据做明细账。(注意:每日以盘点库存做账的,做账时进、出仓列表上的数据只能采用其中的一项。无法每日系统盘点的监管点完整采用进、出仓列表上的数据。)

(4)分类总账:汇总明细账同一项下的库存填写总账。

(5)抵押物库存报表:根据分类总账的进、出仓量和库存量填写抵押物库存报表。

(6)抵押物进仓单:根据抵押物库存报表的进仓量填写抵押物进仓单(所有台账的进仓量应是企业真实、完整的采购进仓量或生产进仓量,以保证抵押物的完整性和方便公司及银行通过监管数据对企业生产经营状况进行了解、掌握)。

(7)跟踪进、出仓:完成所有台账工作后,除和企业相关人员保持正常的沟通,了解与工作有关的信息外,并如实跟踪当天抵押物的进、出仓情况,做好书面记录(记录内容可参考进出仓列表规定的项目)。需用药水检测材质的监管点,要将每天的检测结果填写在值班记录表上。

(8)通报:监管员一般是24小时驻点在企业,在第一线能更直接地了解到企业生产经营情况。出现异常或突发情况,要及时通报公司领导或启动应急预案。

具体工作流程:假设一个企业资金周转出现问题,想向银行提出质押贷款,企业应向银行提供一定的货物质押。这一部分质押货物有可能随着企业的进出货物情况发生变动,例如质押价值500万元的钢材,某天企业入库1000万元钢材,第二天出库800万元钢材,在企业出库过程中,监管员要在现场进行监督,确保在出库完成之后剩下的部分钢材价值要在500万元或以上。如果发现出货过程中剩余钢材价值接近500万元,监管员要向企业提醒,要求企业停止出货或者要求企业提供在未来几天内会入库一定数量的货物,从而保证在自己的监管范围内的质押货物价值在银行的规定范围内。监管员每天向公司提交相应的报表,提供企业相关的出货数据集票据,以便公司对企业的偿还能力以及风险进行相应的预测评估。

3.监管员职业操守

由于监管员在监管工作中的职业特殊性,不排除出质方对监管员使用各种手段(如贿赂、吃喝玩乐、威逼利诱等),以达到其违反三方合同的利益和目的。这时监管员应保持高度的原则性,艺术地拒绝出质方行为,一般来说,和出质方人员保持适当的距离是我们每个监管员都应具备的职业操守。

任何一家公司的运作资料都属于企业机密,监管员在监管点工作的时候,不但要对公司和银行的资料进行保密,而且除工作上的需要外,同时也要对出质方的资料进行保密。

(1)监管点上所属公司的账目、进出仓单据、盘点资料等都要整理好锁起来或带回宿舍放好,等公司领导来巡察时移交给其带回公司,使用后不需要留存的原始草稿立即销毁。除非因工作需要,监管员绝对不允许私自动用监管点的办公用品、资料、车辆等。

(2)在监管点工作时,除因工作需要外,不可向出质方员工与客户透露自己的身份,同时也不要透露自己的薪酬待遇,更不可随意打听出质方的商业秘密以及员工工资待遇等与工作无关的事情。

三、监管业务

(一)质物的验收

(1)在每次质押物进仓时,要审核新入库的质物是否为质权人认可的商品,新入库的质物的品名、规格、型号、产地、质量等是否和质权人规定的相一致。

(2)企业提供的《送货单》《增值税发票》《购销合同》等证明质物数量、所有权的单据是否符合法律要求。

(3)根据正式入库凭证所列项目,逐一与实物核对,做好包装和外观品质的验收。

(4)经审验不合格的质物坚决不予接收;对审验合格的货物应填制《质物进仓单》,由出质人盖章(公章或预留印鉴)或由被授权人签名确认,作为对新质物移交、占有、监管的依据。

(5)每次质物验收入库后,要及时按照质物台账管理制度的规定进行统计,将相关数据输入账册。

监管员在质物验收过程中的注意事项:

①监管员对出质人新交付的质押物或不熟悉的质物入库,要主动向出质人详细问清楚质物的性质、特点、保管方法和有关注意事项,以便做好保管养护工作。

②对有性能不稳定容易发生问题和容易变质的;对性能不熟悉的;进口的入库质物,仓库要作重点验收。

③对质量难以确定的质物,暂时不予验收,并应及时向公司报告。由公司领导与出质人、质权人进行协商确定审核质物的质量标准和方法。监管员根据公司领导与出质人、质权人确定的标准和方法进行验收。

④按重量为单位计算的质物,原则上以质物外包装上或质物表面标注的重量为准,但如发现或有迹象表明实物与重量不相符时,应要求出质人将质物重新称重或将情况上报给公司处理。

⑤对于有外包装的质物,监管员难以确定包装内的质物数据时,或怀疑外包装标签所注明的数据与实物不一致时,应要求出质人开箱拆包装进行查验或抽验。

⑥对出质方提供的质押物,有时可能是其客户要求代加工的货物,因此监管员在验收每一批将进仓的质物时,都要先让出质方提供该批质物的购货发票(进口的商品还需提供海关完税证明),已确定该批货物所有权是否属于出质方。

⑦入库质物验收时,必须有复核员进行复核,经复核无误,方可与出质方办理交接手续,并在正式入库凭证和《质物进仓单》上签字、盖章。

⑧在验收过程中,发现问题应及时向公司领导汇报。

(二) 账务管理

在日常监管中,我们对账目的要求是非常严格的,不但要求做账时数据清晰准确,还必须严格按正确的做账程序,具体程序为:盘点→做原始记录→更改货位置图→做货堆卡→做明细账→做总账→做日报表。因为我们账目上的每一项数据都是根据盘点结果得出来的,坚决杜绝以出质方提供的单据做账,我们要做的是货押监管,而不是"账押"监管。盘点时要求按质物的品种、规格,认真细致地分门别类,经过计算之后建立明细账,然后根据明细账归纳后做总账,最后根据质押物监管通知书的要求建立日报表。

台账的填写要保持账面整洁、字迹清晰工整。在填写台账时,要注意以下几点。

(1)抵押物库存报表和抵押物进仓单不得涂改。重量(吨)和货值(万元)统一取三位小数,小数点三位以后的数字全部省略,(抵押物进仓单单项抵押物的金额计算同样如此)。抵押物进仓单右上角的编号填写格式统一为:中文监管点名称+年份(两位)+月份(两位)+编号(三位),如港湾0803009,尾数009是表示有质物进仓天数的流水编号,不表示日期。

(2)做账不可以用涂改液。

(3)做账时不可以将写错的数字硬改回正确的数字,如有写错应用红笔画一直线,在旁边改正,如需要整行画掉的,要用红笔在整行中间画一直线,并在最后面签上涂改人的姓名。

(4)如果一张账页中用红笔画了两行,或者账页的某一面有涂改三个地方的,须将整张账页重新抄写一份装订上去,并将原来那张错误的账页撕掉。

(5)当做账到最后一行时,要在"摘要"格子内写上"转下页",在下页第一行的"摘要"处写上"承上页",所有账页按分类要求统一在右下角用阿拉伯数字写上编码。

(6)做账写入数字时,数字不可以写满账页格子的高度,要求做账数字只能占用格子内下面2/3的地方,上面留出1/3的高度,以防写错时可以用红笔画掉,再将数字改正写在上面1/3高度的地方。

(7)每个月做完最后一天的账之后,要求对分类明细账、分类总账做一个本月合计,要跟着最后一天做账底下那条线画一红线,再在下面做本月合计。将当月的所有进仓、出仓的数据统计出一个总数据,做本月合计。

本月合计库存=上月库存+当月所有进仓-当月所有出仓

(8)分类明细账进出仓做法。当同一个规格型号有进仓与出仓时,不可以将进仓数据与出仓数据写在同一行列上,须将进仓与出仓分开两行做账(若盘点时发现实际库存和账面库存有出入需要进行调整的,在台账上做进仓或出仓处理),如表1-8-1所示。

明　细　账   表1-8-1

年		日	进出库凭证	摘要	进库		出库		库存		经手人	核对
月					数量	重量	数量	重量	数量	重量		
7		25		承上页	100	11020	89	99740	1500	352100	张三	
		26			500	53200			2000	405300	王五	
		26					200	21200	1800	384100	王五	
		31					200	21350	1600	362750	李四	
7		31		本月合计	500	53200	400	42550	1600	362750	李四	
7		31		转下页							李四	

(9)分类总账的做法。同一个品种或规格当天有进仓与出仓时,必须将进仓与出仓的数据写在同一行列上,如表1-8-2所示。

总　账   表1-8-2

年		日	进出库凭证	摘要	进库		出库		库存		经手人	核对
月					数量	重量	数量	重量	数量	重量		
7		25		承上页	80	1760	99	2010	1500	352100	张三	
		26			500	53200	200	21200	1800	384100	王五	
		31					200	21350	1600	362750	李四	
7		31		本月合计	500	53200	400	42550	1600	362750	李四	
7		31		转下页							李四	

(三)《质押物监管通知书》的接收

监管员在监管点上接收到公司传真的《质押物监管通知书》后,先看清其合同号、风险敞口、最低货值、质押率以及一些附加的监管要求,同时立刻复核该通知书核定的风险敞口是否准确。关于风险敞口、最低货值的换算关系如下:

风险敞口=最低货值×质押率

例1-8-1 某监管点控制的最低货值为1500万元,银行核定该质物的质押率为60%,则此时该监管点应控制的风险敞口为1500×60%=900万元。

(四)几种特殊情况的处理方法

1.质押物库存货值临近时的处理

当监管点的质押库存货值临近《质押物监管通知书》核定的最低货值时,监管员要在第一时间内以书面形式作预警提示(最低货值临近通知),出具该通知的适当时间应为:当出质方的质押物库存货值高出最低货值的部分还能维持企业正常生产和贸易两天,此时我们称为质押物库存货值临近,应即刻通知出质方做补仓(或办理提货)准备,并开具《质押物库存货值最低货值通知》要求企业法人或其授权人签章或签名确认,该通知的有效期为两天。当发出预警提示后,该点监管员必须实行24小时轮班监管工作。两天后若出质方的质押物库存货值还是临近最低货值,应再次开具《质押物库存货值临近最低货值通知》告知企业负责人质物的库存情况,以便其及时做好计划措施。

2.面对出质方强行出货以及私自出货时的处理

监管员按公司程序对出质方做出合理的预警提示后,出质方因种种原因无法及时补仓或办理提货手续而使质押物库存货值和银行核定的最低货值持平时,监管员应及时坚决地阻止出质方继续出仓质物以保证质押物的安全,与此同时,若出质方仍坚持要强行出仓质物,监管员一定要坚决维护公司的利益,同时处理问题应巧妙,避免粗暴、野蛮的行为,使事态扩大到无法收拾的地步。

具体处理方法为:

(1)第一时间通知自己的区域负责人以及业务主管,若出质方要强行出仓,应向部门领导汇报。

(2)在现场坚决阻止该批质物出仓,阻止时应和可能在场的企业法人以及出质方管理人员讲明阻止的理由和其此行为导致的后果。

除出质方强行出仓给监管工作造成的风险外,在未经监管员核算、确认,私自将质押物出仓也是严重的违约行为,因此监管员在监管工作中一定要保持高度的警惕性,出质方仓库有货物进出时必须要有监管人在现场跟踪记录。一旦发现出质方有私自出货的行为时,在阻止的同时应立即向公司领导汇报。

3.银行及公司检查时应注意的事项

为了解监管、纪律等情况,银行和公司会经常对各监管点进行不定时的巡察。监管员在面对领导检查时,应积极、热情接待,对他们提出的宝贵意见、指出的问题应虚心接受,及时改正,不能不理不睬,同时在迎接检查时应注意以下几点。

(1)对不熟悉的来人应先文明礼貌地核实身份。核实时一定要以身份证、工作证等有效证件为依据,若来人无法提供有效证件,马上礼貌地避开来人,打电话向公司领导咨询以请求帮助。

(2)等其身份核实后对提出的检查项目应积极配合,交流工作上的事务时应语言得体、条理清楚。

在银行和公司的巡查过程中,监管员应始终保持良好的形象,将自己要表达的问题说清楚但又不夸张,做到有理有据。

第三节 监管业务风险防范

作为代表银行、公司利益,对质押物直接进行占有、监管的一线工作人员,监管员风险意识与风险管控能力的强弱,对整个监管工作效果的好坏,将起着关键性的作用。因此,我们监管员必须加强风险意识和风险管控能力的提高。

一、风险意识的概念及风险概况

所谓风险意识,既是对监管工作中存在的各种风险事宜有较全面的认识,有较敏感的风险洞察力。

监管工作中,常见的风险有:质押物库存数据不准确;监管仓库存在诸如防火、防潮、防水、防暴、防盗等安全事项;企业经营不善,造成的资不抵债,无力"货外"偿还贷款;质押物货权不清晰;出质人存在违法经营的情况;出质人将所融资金投入到其他项目,而不是用于约定项目;监管人员的业务知识、工作执行力、工作责任心和忠诚度不到位等。

监管员要认真观察企业的经营动态,及时将各种监管信息汇报给公司领导,以便公司及时做出预警措施。

二、强行出货事件应急操作规程

1. 预警

根据抵押人对抵押物的出货量(或用量),当抵押物库存接近最低货值时,应采取如下措施。

(1)该监管点监管员应提前两天以《抵押物最低货值可出库通知》书面形式将抵押物情况通知抵押人的有关负责人,并做好如下工作。

①向抵押人的有关负责人了解、询问"短时间内有没有货物入库,若没有货物入库能否打款赎货",向其耐心解释。

②向所属区域负责人报告该监管点抵押物或质物库存情况。

(2)出现上述情况,若抵押人短时间内没有新抵押物入库,也不采取打款赎货,该监管点监管员及区域负责人应进入警戒状态,并按如下方法处理。

①区域管理人员应要求该监管点的监管员轮流值班,保证抵押物仓库24小时有人监管。

②若该监管点人手不够,区域负责人可根据情况从就近的监管点抽调监管员加强监管;区域负责人也可根据情况,随时赶到该监管点。

③监管员、区域管理人员应及时找抵押人有关负责人进行沟通,协商解决办法,说明库存抵押物到最低货值不能出货的原因,违规出货的责任及后果等。

④同时监管员、区域负责人应及时将情况报告公司和抵押权人或质权人。

(3)公司收到监管员、区域负责人的报告后,按如下方法处理。

①向监管员、区域负责人、抵押人详细调查、了解、掌握相关情况、信息。

②应向区域负责人下达指令及处理方法。

③指定管理人员与抵押人沟通、协调。

2. 公司应急

若抵物库存量已非常临近或等于最低货值,抵押人没有新的抵押物入库,也不打款赎货,但还要准备出货或欲强行出货时,根据事态发生情况向银行(抵押权人或质权人)及有关人员报告,或请求协助。

3. 社会应急

若押品库存量等于最低货值,抵押人没有新的抵物入库,也不打款赎货,但还要强行出货时,首先向银行(抵押权人或质权人)报告情况,同时报警请求政府等外部应急救援力量控制事故现场。

三、押品品质管理制度

押品品质是否能得到保证,是确保押品货值安全的重要方面,如何管控好押品的质量是监管工作当中的重要环节。

(1)严格执行抵押权人或质权人的审批意见中规定的限制性条款,通过限制性条款的规定,将押品质量管控的要求列入《抵押物清单》,作为指导性文件。

(2)严格按照《抵押物清单》上的要求对押品品质进行管理,确保押品的品质。

(3)监管员对押品品质的鉴别主要是:通过权威部门对押品的质量鉴别和平时监管员日常监管工作中借助其他鉴别方法。

(4)抵押物或质押物的外包装是否原好、标识是否完整和清晰。

(5)抵押物或质押物无外包装的,表面是否有缺陷、瑕疵;抵押物或质押物是否有锈蚀、变质、污染、风化、潮湿等自然损耗;抵押物或质押物是否产销滞后等情况。

(6)货物品质的管理流程如图1-8-1所示。

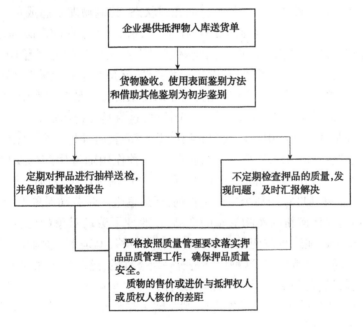

图1-8-1　货物品质的管理流程

第九章 货运质量管理

第一节 水运企业的产品质量及其特性

水运企业的性质、特点和经营特征与工农业有着明显的不同,这些对水运企业产品质量管理产生了深刻的影响,由于这个原因,工业企业全面质量管理的理论、方法和工具就不能全盘照搬,原样移植于水运部门,必须从水运部门的基本情况出发,灵活运用工业企业全面质量管理的思想、原则、方法和工具来研究开拓,保证和提高水运部门产品的全面质量。

一、水运企业产品是位移

在一般情况下,工业生产中物质的"态"的变化贯穿于整个生产过程,其"初态"是原材料(包括零部件和成品),通过对原材料本身的几何状态,其他物理状态或化学性质的改变,最后形成"终态",就是具有一定使用价值的产品。任何加工企业的产品,都是按照加工后所形成的结果来确定产品名称的。而水路货物运输生产是指货物通过船舶在空间上的移动。马克思指出"商品在空间上的流通,即实际的移动,就是商品的运输"(《资本论》第2卷第170页)。商品生产是以消费作为终结的,商品的使用价值只是在消费中才得以实现。进行商品交换,就是把商品从这个地区转到另一个地区,这就是货物运输。

水运部门不仅是国民经济中不可缺少的物质生产部门,而且是一个"先行"部门,没有运输业,工业和农业的生产就无法正常、持续地进行,这种作用随着生产的发展,显得特别重要。水运部门作为一个物质生产部门,也和工、农业一样,由生产特点所决定,它是以劳动对象(旅客、货物)位置移动贯穿于整个生产过程的,但运输生产时劳动对象本身并未留下任何可见的痕迹,也不构成任何新的实物形态的产品,仅改变了劳动对象的位置。因此,把旅客和货物由甲地水运到乙地这种改变旅客和货物位置的位移,就是水运企业的产品。

水运企业的产品销售是位移,这种位移是有一定条件的,这些条件就是旅客或货主提出的运输要求,包括数量、发到港站、日期等运送条件,因此,水运企业的产品,是一种具体条件规定的场所的变更,相应的客票或货物运单,则是购买这种产品的具体标志,犹如人们购买一般商品时的契约和票据一样。

旅客和货物的位移,是指旅客和货物从起运港站至到达港站沿着线路的空间位置变化,它不仅要考虑旅客人数和货物重量,同时还要考虑旅客和货物沿航线所运行的里程。因此,作为水运企业产品产量的计算单位,应是一个复杂的单位,就是由一定的位移量(即运输量,旅客以人为单位,货物以吨为单位)与一定的位移距离(即运输距离,内河以公里为单位,海运以海里为单位)相乘而得的人公里和吨公里,这一计量单位也正是表明水运企业产品与其他物质生产部门的实物形态产品相区别的一个特点。以人公里为单位计量的旅客位移的产品总数称为旅客周转量;以吨公里为单位计量的货物位移的产品总数称为货物周转量。必

须指出的是:人公里和吨公里仅仅是水运企业产品的复合计量单位,并非产品的本身。人公里和吨公里不能表明运输和旅客及货主之间在产品上的内在联系,不能据以确定运输产品质量特性,建立起为旅客和货主所理解、把握、检验和监督的产品质量的概念和标准。在研究水运部门全面质量管理问题之前,有必要明确划清产品和产品计量单位界限,以便对水运部门产品做出正确的描述,并澄清对定义的模糊认识。

水运部门作为相对独立的单位,有自己的产品——旅客和货物的位移,由于运输生产过程是在长距离的连续空间带上进行的,超过了单一运输的范围,成品往往需要其他运输企业的联合共同完成运输。至于水运部门的基层生产单位,如港站作业区的情况,相当于企业里的一个生产车间,它们在整个运输过程中的分工和作用也各不相同。其中有的直接参与基本生产活动,如港、站;有的参与辅助生产活动,如保修厂等。即使是直接参与基本生产活动的港站,也是参与位移的部分作业,不可能完成位移的全过程。如果把直接或间接参与位移活动的生产成果看成是本单位的产品,虽无不可,但这种产品的概念和水运企业产品的概念有原则的区别,不能等同起来。

二、水运企业的产品质量

产品质量是产品适合于规定的用途,能满足社会和用户一定需要的特性。不同的产品具有不同的特性。人们根据这些特性能否满足需要,以及满足程度来衡量产品质量的高低。因此,产品质量就是指产品所具有的质量特性,也就是产品的使用价值。

就一般工业品而言,它的质量特性体现为性能、耐用程度、可靠性、外观和经济性等,水运企业的产品,虽不具有实物形态,但和工业品一样,也有它自己的特性,同样可以满足社会和用户一定的需要。当然,水运部门产品的质量特性和工业品的质量特性又有明显区别。这是因为水运部门和工农业在社会生产中的性质、特点各不相同的缘故。

水运部门不直接创造出物质产品,但工农业生产出产品后,并未完成其全部生产过程,作为商品的使用价值并未实现。商品从生产开始,经过分配、交换即流通,最后进入消费。在转入流通过程中时,还必须通过运输,改变空间位置,运到消费地,最后进入消费领域,才能实现其使用价值。运输生产是在流通领域内继续进行的生产过程,为了生产过程的不间断和流通过程的正常进行,运输生产必须以保证旅客和货物的安全、完整为前提,同时,运输所销售的产品,不是任何抽象的位移,而是有具体条件规定的场所变化,要求在时间上和空间上准确无误,在运输费用上力求节约。此外,水运部门的生产过程与产品的消费过程是融合在一起的,产品既不能储存,又不能调拨,要求水运部门必须有足够的运输能力来满足社会和用户对运输的需要,并为用户提供便利的条件和文明的服务。安全、及时、完整、经济、便利和文明服务都属水运部门的质量特性,这些质量特性,正是旅客和货物的位移,所以能够满足社会和用户需要的自然属性,旅客和用户就是根据这些特性来判断水运企业产品质量的。

水运企业产品质量特性,主要有五个方面。

(1)安全性

水运部门的产品形成是借助船舶的运动实现客货的位移,这种位移是在水上进行的,因此,对所运旅客和货物在安全方面的要求,至关重要。如旅客乘船过程中,必须保证不因船舶的质量原因及服务工作中的过失,给旅客造成生命财产的损失;货物在运输过程中,必须保证不因操作、积载、保管、堆垛等作业事故,给货物造成损失,甚至危及水运职工的生命安全。

运输过程中发生不安全事故,不仅会造成人身伤亡,同时也影响生产的顺利进行。因此,安全是水运产品的首要质量特性,必须贯彻安全生产的方针,注意安全生产的特点。把安全工作做在事故发生之前,尽一切努力杜绝事故发生,长期地、经常地把安全工作做好,认真掌握安全制度、操作规程,不断提高安全知识,掌握安全生产的主动权。安全生产与职工切身利益相关,只有人人重视,安全才有保证。

(2)及时性

货物运输速度的快慢和货运作业时间的长短,是影响货物成本高低的因素之一,安全迅速的货物运输可以缩短货物在运输过程中的时间和再生产周期。也可以节约货物流通资金,加速船舶周转。因此,及时运到是衡量运输为工农业生产和人民生活服务的一个重要质量指标。

货物是否及时运到,关键在于简化货运作业手续、及时装卸、及时发航、及时交付,除此之外,自然因素也会对及时运到带来不利影响,尤其是水位、季节的变化、潮汐和气象在一定程度上也会影响及时运到。

对客运的正点、及时运输,就是缩短旅客旅行时间,增加旅客的工作和休息时间。

(3)完整性

将货物保质保量地运到目的地,是水运企业应尽的义务,货物从承运到交付,数量、性能、形状、外观等方面都应在交付时不改变其原有的状况。

旅客运输则要强调旅客在途的身心健康、精神愉快,尽量做到不因船舶生活条件和环境差而影响旅客生活。

(4)经济性

水运生产的活动和物化劳动消耗,作为追加劳动直接转移到货物本身中去。这种追加价值,从物资部门对水运部门提出的要求就是:运得多、运得快、运得好,还要运费低。对物资部门的这些合理要求,水运部门在运输生产中要防止追求产量、速度,只求多快,不顾好省的倾向。企业对产品质量和成本固然应该进行管理,并负有责任。事实上,生产管理部门应该认识到产品质量和成本在很大程度上是在运输过程中形成的。所以,生产管理部门对提高产品质量,降低运输成本也必须负责。要研究降低运输成本和运输费用的新途径,以便用最经济实惠的运输质量来吸引最大的客货流。

水运部门的经济效益,要考虑运输设备是否具有社会效益。然后才是水运部门本身的经济效益。由于水运的投资经济效果和成本水平受多种因素影响。要讲求综合经济效益。就必须在推行全面质量管理这门管理技术中,积极采用新的适用技术和设备,合理地组织管理工作、技术工作和劳动方法,最大限度地节约燃料,促进劳动生产效率,从提高经济效益出发,达到降低成本的要求。

(5)服务性

这是水运部门运输质量的综合表现,客运、货运、管理部门和旅客、货主直接见面,需要做好服务工作,为旅客、货物提供方便。水运部门销售的产品不是实物形态的,而是非实物形态的服务,即为生产服务、为消费服务、为流通服务。或者说,水运部门生产的目的,就是为国民经济建设服务、为工农业生产和人民生活服务、为活跃商品市场服务。因此,提高运输质量的宗旨,应当立足于为旅客服务和为货主服务。

第二节　决定和影响货物质量的基本因素

货物质量是指货品满足规定功能用途需要和要求能力与效果的特征和特性的总和。

规定功能用途需要的"规定"是指国家或国际对商品规定的有关法规、质量标准或买卖双方的合同要求等方面的具体规定的人为界定;要求能力与效果的"要求"是指人和社会对物品利用价值性能方面如适应性、功能性、卫生性、安全性、耐用性、审美性等人为的欲望和要求;"特征"是指用来区分同类物品不同品种的特别标志;"特性"是指不同类物品所固有的性质,即指品质特性。

决定和影响货物质量的因素是多方面的,也是很复杂的。一种产品从生产开始到进入流通领域要经历许多不同的环节,每一环节都有可能成为影响其质量的因素。由于货物的来源不同,其影响因素也不同。

一、影响货物质量的主要因素

货物脱离生产领域之后,货物的自然质量已经形成。但当货物进入流通领域之后,经过运输、储存、销售等环节,货物质量会在外界因素如阳光、空气、温湿度、外力等的作用下,发生各种各样的变化,造成货物质量下降。如果采取积极的防范措施,如包装质量好,养护措施得当,就会减少货物质量下降的程度。因此,加强流通领域中的货物管理工作,不断提高流通领域中质量管理工作水平,直接影响货物质量的高低。

货物从接收至交付的整个运输过程中,要经过众多的运输生产环节。如果在某个环节上不能采取相应的有效措施或遇上不可抗拒的外界因素,那么,货物产生质变或量变就难以避免。为了使货损货差减少到最小限度,必须熟悉掌握物流生产各环节中货物产生货损货差的原因,以便采取有效对策,加强货运质量的科学管理。

(一)造成货损货差的原因

货损是指货物在运输、装卸和保管过程中,质量上的损坏和数量上的缺失损失。质量损坏包括货物受潮、污染、破损、串味、变质等。数量的缺失损失指海难、火灾、落水无法捞取,被盗、遗失等原因所导致货物的灭失,以及货物的挥发、撒漏、流失等情况所造成的超过货物自然损耗的货物减量。

货差是指货物在运输过程中发生的溢短和货运工作中的差错。差错包括错转、错交、错装、错卸、漏装、漏卸以及货运手续办理错误等原因造成的有单无货或有货无单或点数不准等单货不符、件数或重量溢短等。

防止货损货差,使货物完整无损地交付收货人是货运质量管理的重要内容,在运输中产生货损货差的原因是错综复杂的,归纳起来主要有配积载不良、装卸操作不慎、货物本身问题、堆存保管不妥、航运途中管理不善以及理货工作失职等原因。

1.配积载不良的货损货差原因

(1)货物搭配不当。如性质相抵的货物同舱混装,致使货物发生串味、污染、溶化、腐蚀、发热和自燃等货损。

(2)装载货位不当。如怕热货物装载在机炉舱等热源部位,致使货物溶化受损;怕潮货物装载在甲板上或舱盖不严密、易产生"汗水"的舱内部位,致使货物湿损、霉变;易碎货物装载在振动很大的机舱附近或因作业困难的货位,致使货物倾倒破损;未按照港口顺序装卸,致使在卸货港造成倒载,引起货物搬运损坏。

(3)舱内堆码不当。如货物堆码不紧密或垛型不符合要求,引起碰撞、挤压、倒垛,致使货物破损;堆码超高引起底层货物压坏;堆码未留通风道或未设置通风器,致使货物发热霉变、腐烂;重大件货物因捆绑不牢,货物移位,致使货物受损;重货压轻货或木箱压纸箱,造成货物压损等。

(4)衬垫隔票不当。衬垫材料潮湿、不干净,致使货物湿损、污损;衬垫方法不当或衬垫材料与货物性质相抵触造成货物变形、破损、腐烂、串味、湿损以及燃烧、爆炸等;货物未隔票或隔票方法不当,致使货物混票、隔票不清,造成错卸、漏卸和翻堆查找的货损货差。

2.装卸操作不慎的货损货差原因

(1)装卸操作不当或违章操作。某些装卸工人操作不熟练或操作马虎,不按储运指示标志作业,如装卸易碎货物时,没有轻拿轻放,司机没有稳起稳吊;装卸重大件起吊绑扎位置不当,致使货物损坏;起吊货物超过吊杆安全负荷定额,装卸中拖钩、倒钩、游钩、留山挖井、乱摔乱扔等违章操作和野蛮装卸导致货物严重损坏。

(2)装卸设备或吊货工具不当。吊杆各部件过分磨损,吊货索、吊杆、滑车索具不良,工前工间又未认真检查,致使发生折断、松弛等情况,造成货物损坏;装卸作业中采用不适合货物的工具,如手钩、撬杠、网兜、吊链等,致使货物发生袋破、桶裂、箱坏,造成撒落、渗漏、破损等货损。

(3)装卸中气候变化的影响在雨雪天进行装卸或对天气变化疏忽大意,下雪、雷雨未能及时关舱或搭篷,造成货物水湿、溶化、燃烧;液体货物受炎热或严寒气温变化的影响,致使包装胀裂,造成溢漏损坏等。

3.货物本身问题所造成的货损货差原因

(1)货物运输包装不良。货物运输包装的强度不足,包装材料不适合货物的性质,包装内部结构、衬垫不当或使用有缺陷的旧包装等,致使货物造成破损、污损、断裂、脱落、散捆等。

(2)货物标志不清。货物标志制作字图不清楚、内容不完整不规范或脱落,造成运输标志、包装储运指示标志、危险货物标志难以辨认或欠缺,会造成错装错卸货差,致使装卸、堆存中发生货损货差事故。

(3)货物本身的自然属性所致。易腐货物少量腐烂变质;有生动植物的个别枯萎、死亡;橡胶老化;散装原油挥发、降质等,均是货物本身自然属性上的缺陷而引起的货损。

4.运输途中所造成的货损货差原因

(1)货舱设备不完善。货舱在装货前的准备工作没有满足货物的要求,仓促、勉强装货造成货损;货舱外板、甲板、舱口盖漏水或货舱开口造成货舱进水引起货损;货舱舱壁护板不全、通风设备失灵、舱内管道漏损等原因造成货损。

(2)保管不当。如装有呼吸货物的货舱长期封闭致使货物发酵、霉烂、自热;或通风不当造成货物霉腐、汗湿、燃爆;污水沟、污水井积水未及时排除,溢出造成货物湿损、污损,对冷藏货没有满足货物保管的温湿度要求而引起货损等。

(3) 不可抗力所致。船舶在航行中遭遇到主观意志不可抗拒的海损事故(如碰撞、搁浅、触礁、沉船)、自然灾害(如台风、洪水、冰川)、军事拦阻,航道堵塞等造成货损。

5. 堆存保管不妥的货损货差原因

(1) 库场设备不全。库内漏水漏电,露天场地苫垫设备不良,致使货物水湿、污损、燃烧等。

(2) 库场清扫工作差。库场的清洗、干燥、除味、驱鼠、熏蒸、除毒等清扫工作不及时或没有满足货物性质的要求,致使货物受地脚污染,遭受虫蛀、鼠害等造成货损。

(3) 货物保管不当。性质相互抵触的货物同库堆存而造成串味、污染、腐蚀等货损;库内通风不当,造成货物汗湿;货物堆码过高,造成下层货物压坏;残损货物未剔除而影响其他货物;防汛防盗工作未做好,造成货物严重损失、被盗等。

(4) 货物交付不及时。如易腐货物、有生动植物货物到港未及时交付,致使货物造成腐蚀、死亡、枯萎等。

6. 理货工作中造成的货损货差原因

(1) 收发货时数字不准。如理货、库场人员在收发、点垛、抄号、画勾计数过程中数字不准确,少收多报或多收少报等。

(2) 错装、漏装、混装。

① 错装。是指将不该装船的货物误装上船,或将货物误装在开往其他港的船舶上。如理货员在货物装船时,对同规格、同包装、不同收货人或不同卸货港的货物,运输标志未分清,或对作业班组工人未交待清楚所装的船名、舱位,致使装错船或装错舱位造成货差事故。

② 漏装。是指将应该装船的整票或部分货物遗漏未装。如在货物装船时,将装货途中跌落的货物或零星货物遗漏而造成的货差事故。

③ 混装又称混票。是指装船时,将不同卸货港、不同收货人、不同提单号的货物混杂堆装。如在货物装船时,与装卸工人协作配合不够,以致货物隔票马虎,造成混票、隔票不清,引起货差事故。

(3) 其他失职原因。如理货人员在工作时间擅离岗位,夜班睡觉,以致发生未经清点就装卸船或交付,而造成货差事故。

按规定,由于不可抗力、货物本身的自然性质、货物的合理损耗,以及托运方、收货方本身的过错而造成货物质变和量变的,港航方不承担赔偿责任。

(二) 货物的自然减量

货物在运输、装卸、保管过程中,由于货物的性质、状态、自然条件、技术条件等因素而造成货物在重量上不可避免地在一定标准内减少,称为货物的自然减量,又叫货物自然损耗。它是货物的合理损耗,是非事故性的、非人为的货物减量。

1. 造成货物自然减量的原因

(1) 挥发和干耗。有挥发性的散装液体货物及含水分较多的货物,由于环境温度、湿度的变化及长时间暴露在空气中,以致气体挥发或水分蒸发而造成重量减少,如汽油、原油、水果类、蔬菜类等。

(2) 流失。液体货物(不包括罐头等密封包装液体货)由于包装及温度的因素,易发生渗溢、漏滴现象，以及散装在舱内时，残液沾附在舱内壁无法卸出，造成非人为的货物减量。如木质桶装液体货易渗透，油舱卸油后剩有残存的油脚等。

（3）撒失。粉末状、晶体状、颗粒状的货物有少量会透过包装的空隙撒失；运输中不可避免有个别破包现象而发生撒失；在散装运输时，这类货物因扬尘性、撒漏等造成难以收集的少量粉末地脚，均会引起货物减量。

2.自然减量损耗率（自然损耗率）

自然减量损耗率是指货物自然减量的数量占该种货物运输量的百分比，可以通过实际测试或科学分析鉴定等方法测定。

自然减量的大小，与货物性质、状态、包装、装运方式、装卸方法、操作次数、环境温度与湿度、气候条件和运输时间等因素有关。所以，各种货物在不同情况下的自然损耗率是不同的。国际和国内都制定有运输货物自然减量标准。在货物运输过程中，货物的非事故性减量在自然损耗率或规定的损耗限度以内时，港航部门不负赔偿责任。按国际航运习惯，一些货物的自然损耗率见表1-9-1。

部分货物损耗率　　　　　　　　　表1-9-1

货　名	包　装	运输里程	自然损耗率(%)
谷物	散装及包装	270km以内	0.10
		270～540km	0.15
		540km以上	0.20
各种煤炭	散装		0.11～0.15
各种矿石	散装		0.12～0.13
盐	散装		0.85～3.0
	袋装		0.30
水泥	袋装		0.70
蔬菜类			0.34～3.40
水果类			0.213～2.55
肉			0.34～2.55
鱼			0.213～1.7
蛋			0.51
酒			0.085～0.34
糖			0.06～0.85
植物油	铁桶装		0.40
	木桶装		0.12

二、预防货损货差的对策

为了保证货物质量，在运输、装卸及保管货物的各个环节上，必须加强科学管理，其具体预防对策如下。

（1）对货物实现全面质量管理，普遍建立质量管理小组（即QC小组）积极开展活动，将货运质量建立在严格的科学管理的基础上。

（2）掌握货物的特性、船舶性能、货舱位置，科学地做好配积载工作，合理选择舱位，避免性质互抵的货物混装一舱。

（3）经常做好安全操作规章的宣传教育工作，严格遵守操作规章制度，督促装卸工人爱护货物，操作时注意轻拿轻放，防止货物损坏。

（4）工前工间应加强对装卸机械设备、吊货工具的安全检查，注意根据气候变化情况，做好充分准备，以防发生意外的货损、货差事故。

（5）对进出口货物应把好货物验收质量关。理货、库场人员要认真检查货物包装、标志、品质、流向等状况，点清数字、剔除残损，认真办理好货物交接工作，把好进口货物的出舱和出口货物的进栈验收关，并依据货物堆存要求进行堆垛和存放。

（6）根据货物性质与流向情况及时做好库场（货舱）的清扫工作，以及货物衬垫、苫盖和隔票工作，避免造成湿损、污损、混票、错漏装卸，影响货运质量。

（7）根据检疫法的相关规定，对港口仓库经常进行消灭有害生物的工作。包括消灭霉菌、昆虫、老鼠等工作。大潮汛、台风期间必须做好货物防汛防台工作。

（8）对理货、库场和其他管理人员进行爱护国家财产的思想教育，严格执行岗位责任制，鼓励他们钻研和精通业务，经常进行调查研究，认真总结和改进工作，不断提高货运管理水平。

（9）加强对货主货运规则宣传工作，取得货主支持和配合，使其能按货运规划做好货物运输包装、标志工作，交付质量合格的货物，避免货运中发生数量或质量的变化事故。

第三节　全面质量管理

一、推行全面质量管理的意义

所谓质量管理，是指为了保证和提高企业的作业质量、工作质量和产品质量所采取的各项科学技术、组织措施及一系列的管理活动。质量管理是随着科学技术、生产规模、用户需求的发展而逐渐发展起来的。它不仅成为现代管理科学的重要组成部分，而且在管理科学理论与实践的基础上，已形成一门新兴的独立学科。

质量管理的内容包括：搜集质量情报、制订质量计划、确定质量水平、建立质量管理体系、创造质量管理标准、进行质量控制、组织质量检验等环节。

产品质量是企业的生命线，一个企业产品质量如何及物质消耗多少，是企业素质的主要体现。加强产品质量管理，不仅能保证企业产品满足消费者需求，而且也是企业在市场经济中争生存、求发展的根本途径。

质量管理发展的三个阶段。

第一阶段：事后检验阶段，又称检验质量管理阶段。是从20世纪初开始到20世纪40年代。在这一阶段，企业的质量管理全靠简单的技术检验方法，对产品进行全数检验，挑出废品，进行事后把关，以保证出厂产品完全合格。这种方法有一定成效，也有其不可克服的缺点。如事前不能预知和防止废品产生，事后对破坏性检验又难以了解和保证产品质量，出现质量问题,责任不清,互相推诿。

第二阶段:统计质量管理阶段,又称统计质量控制阶段。其实质是预防性质的质量管理阶段,其期间是从20世纪40~50年代。早在20世纪20年代,美、英等国开始将数理统计思想和方法应用于生产过程中的质量管理。直到第二次世界大战爆发后,这种方法在美国才得到普遍应用。实践证明,统计质量管理是保证产品的质量、预防不良产品的一种有效之法。它主要是采用统计控制图,对生产过程中有关产品质量的各种问题加以控制,是用积极的事先预防来代替消极的事后检验。

第三阶段:全面质量管理阶段。它是质量管理的最新阶段,是从20世纪60年代开始至今。20世纪50年代后,科学的质量管理在工业发达国家迅速发展、普及。1961年,美国的菲根保姆提出了全面质量管理思想,强调企业要人人关心质量,所有部门都应围绕保证和提高产品质量进行活动。开始了依靠企业全体职工,在全体部门,对产品设计、试制、生产、销售、使用全过程进行的全面质量管理阶段。全面质量管理的方法在日本又得到新的发展。到20世纪80年代,对质量管理又提出了新的要求。在提高产品质量方面,着重抓新产品开发;强调建立"高可靠性的质量保证体系",要求"绝对可靠、不出废品";在质量概念方面,提出"软性的质量管理",强调人的质量是全面质量管理的核心。

从质量管理发展的三个阶段来看,表现为两个飞跃:第一个飞跃为从事后检验为主转变为事前预防为主;第二个飞跃为从以提高工作质量为主转变为以提高产品本身质量为主。

全面质量管理简称TQC,是一门现代企业管理技术。最先提出全面质量管理思想的是美国通用电气工程师菲根保姆,对全面质量管理所下的定义指出:企业"为了能够在最经济的水平上,并考虑充分满足用户要求的条件下,进行市场研究、设计、生产和服务,把企业内各部门的研制质量、维持质量和提高质量的活动构成为一体的一种有效体系"。这个定义说明,全面质量管理是企业本着效益原则,将质量组织、质量形成过程、质量控制活动、现代科技与管理技术成果融为一体,为实现质量目标而建立的全员性、全局性、全过程的质量保证体系,全面质量管理可以概括为"三全"管理,即全体人员参加的管理、全部过程的管理、全面质量的管理。

全面质量管理是水运部门管理的中心环节。水运部门管理作为一个系统,是由各项管理工作组成的有机整体。例如:计划管理、生产管理、财务管理、技术管理、设备管理、劳动管理、物资管理、质量管理等八个方面,各方面都很重要,缺一不可,它们分别在水运部门管理中占有不同的地位,发挥着不同的作用。它们纵横交错,互相依存,互相促进。但是,由于运输质量问题的重要性、综合性、复杂性,抓住了货运质量问题,也就抓住了全面改善水运部门生产技术活动,提高水运企业管理水平的关键,这就决定了质量管理在企业管理中的特殊地位。实践证明:水运部门质量管理活动实际上是分散在各有关职能部门进行的,就是各部门在企业经理的统一领导下,各司其职,各负其责。全面质量管理是水运企业管理的组成部分,又是当前加强企业管理的中心环节,很多企业正是通过质量管理的开展来促进和带动其他方面的企业管理工作的,即由质量管理来推动其他方面的管理工作。

全面质量管理的特点在于一个"全"字,它包括四层含义:管理的对象是全面的;管理的范围是全面的;参加管理的人员是全面的;管理的方法是全面的。上述管理的全面性又体现在:它管理的质量是全面的;它实行的是全过程、全员和全面、灵活运用各种科学方法的综合性的质量管理;它对影响质量的多种因素,进行综合的分析和处理,强调把工作的重点由事后把关转向事先控制。

推行全面质量管理的现实意义在于：它有助于水运部门掌握提高货运质量的正确的途径，货运质量是企业各方面对货运工作的综合反映，质量好坏，取决于企业各方面工作质量的水平高低，工作质量是货运质量的保证和基础，离开工作质量提高货运质量是不可能的。因此，推行全面质量管理，就必须提高工作质量，而且要把提高工作质量作为推行全面质量管理的主要内容和工作重点。必须用主要的注意力来调查分析工作质量，发现缺陷，及时改善，从管理"结果"发展到管理"原因"、管理工序、管理运输全过程，用科学方法来预防货运质量事故，保证货运质量的提高。

水运部门的所谓质量，通常包括两种含意：一种是狭义的质量；一种是广义的质量。狭义的质量就是指货运质量；广义的质量则除货运质量以外，还包括工作质量和工程质量。全面质量管理的质量是指广义的质量，即它不仅要管货运质量，还要管工作质量。是按照货物运输合同所列的货物名称、数量、目的地等，及时、完整地完成运输任务。及时便是要求在规定的运到期限内，从时间上保证如期运到目的地；完整则要求对承运货物在整个运输过程中，保证数量正确，质量完好，这才算全面完成运输任务。

水运部门本身并不直接生产产品，而是物质生产在流通领域内的继续。它对货物的生产、交换、分配、消费等都产生重要的影响。在货物运输过程中，又是同运输、装卸、管理等多方面的安全因素紧密相连的，包括劳动者（水运职工）、劳动手段（运输生产设备、工艺等）、劳动对象（货物）的质量。要保证货运质量，就必须重视劳动者的素质，即水运部门全体职工和所有部门在运输过程中的工作质量，实质上是职工队伍的素质和企业素质的问题。进而重视劳动手段，即船舶、港口设备要好，工具要好，运输全过程工艺流程要先进合理，要建立、健全各种运输规章制度和操作规程、环境保护，这些都是保证质量的必备条件，实质上是企业技术素质的问题。对劳动对象则用提高工作质量保证货运质量。

工作质量反映水运部门为了保证达到货运质量标准所做的管理工作、技术工作和组织与管理的水平，对达到货运质量标准，提高货运质量所具备的质量保证能力和工作水平。所以，工作质量包括企业各部门的工作质量。工作质量不像货运质量那样直观、具体，工作进程不像质量那样可看得见摸得到，它是无形的，但客观存在于企业各项活动之中，并通过企业工作效率、工作成果，最后通过货运质量以及经济效益集中表现出来。

货运质量与工作质量，两者密切相关，货运质量取决于企业各部门的工作质量，它是各部门、各环节工作质量的综合反映。工作质量是货运质量的保证，质量的好坏，绝不是就安全抓安全、就质量抓质量所能解决的，而要求各部门、各个环节、每个人都提供最优的工作质量。正因为有了这样的关系，全面质量管理才有生命力。在某种意义说，全面质量管理中必须重视工作质量，以此来保证货运质量的提高。

二、全面质量管理的基本观点

（1）"用户第一"的观点。"用户第一"就是要千方百计做到使用户满意。这是衡量全面质量管理的唯一标准，是由全面质量管理的最终目的决定的。"用户第一"的观点，还体现为"下道工序是用户""服务对象是用户"的观点。

（2）"预防第一"的观点。"预防第一"就是由事后把关转到事先控制上去。也就是说，要想保证产品质量,把质量管理工作的重点集中在生产过程中可能影响产品质量的各种因素上去,对它们进行控制,加以管理。由消极地挑拣废次品转为积极地防止废次品的发生。当然这并不是轻视质量检验、验证工作的重要性。

(3)"一切用数据说话"的观点。要使质量科学化,必须依据大量的数据进行定量分析。揭露质量问题,评价质量水平,分析生产过程中的质量状况,管理产品的生产过程,都要用数据来说话。

(4)一切按PDCA循环程序办事的观点。P、D、C、A管理循环,是全面质量管理的基本方法,一切质量管理都必须遵循P、D、C、A的科学管理程序。

三、全面质量管理的程序和方法(PDCA循环法)

(1)PDCA循环法的含义。PDCA是四个英语单词的第一个字母,即计划(Plan)、执行(Do)、检查(Check)、处理(Action),PDCA循环是全面质量管理的科学程序,是按"计划—执行—检查—处理"工作循环四个阶段进行质量管理的一种基本工作方法,且循环不止地进行下去。它是由美国的质量管理专家戴明博士发明的,又称"戴明环"。

(2)PDCA循环基本工作内容。它把任何工作都概括划分为四个阶段,而且周而复始,不断循环。

P阶段——计划阶段:收集质量信息,比照技术标准和用户要求,分析质量现状,找出质量差异;分析影响质量产生差异的因素,找出影响质量的主导因素及影响程度,要客观准确,有数量分析,针对影响质量的主导因素,结合企业资源实际,制订出提高质量的技术组织措施,即制订出计划,并要具体落实到执行者、时间、地点和完成方法等,还要对计划实施结果进行预测。计划和措施要求具体、准确、可行、明确。

D阶段——执行阶段:按预定计划、目标、措施及其分工,严格组织计划实施。执行过程中应严格按计划执行。同时要适应客观实际情况,对原计划进行补充和调整。

C阶段——检查阶段:根据计划检查进度阶段和总体执行的实际效果,检查是否与预定目标效果偏离,原因是什么。

A阶段——处理阶段:对检查结果进行总结,有针对性地修改和制定有关技术标准,质量工作制度,防止问题再发生。必要时还应查出和排出这一循环尚未解决的问题,拟定措施和对策。遗留问题转入下一个循环中去,继续解决。

(3)PDCA循环的特点。

①PDCA的次序是顺序进行的,四个阶段有头有尾、头尾衔接,不能颠倒,也不能跳跃。

②大环套小环,互相促进。整个企业的管理工作是一个大循环,各部门、科室、车间、班组、工段,以致每一个人,都有自己小的和更小的循环,大循环是小循环的依据,小循环是大循环的具体落实。即所谓大环套小环、小环保大环、一环扣一环、推动大循环,相互依存,互相促进。通过大小PDCA循环圈的转动,就把企业上下左右的质量保证系统的各项工作有机地联系起来。

③逐级上升、不断提高。每次PDCA循环完成后,水平就升一级。PDCA循环四个阶段周而复始地转动,转动一圈,前进一步就上升到一个新高度,实现一个新的质量目标。

④处理阶段是PDCA循环的关键阶段,必须抓住。否则就不能巩固成绩、吸取教训,难

以防止此类问题的再度发生。

第四节　货运质量管理目标与货运事故

一、货运质量管理目标

货运质量,对港口来说,就是指货物的装卸质量、保管质量和理货交接质量。港口不生产物质产品,它的主要职能是货物的装卸、货物的空间位移。因此港口的生产质量就是指货运质量。港口的货运质量管理目标可概括为:货物完整无损、运输及时迅速、费用低廉、服务良好,使货方、船方、车方、对方港满意。

二、交通运输部对港口货运质量考核指标

(1)无重大货运事故。
(2)散货赔偿率不得超过万分之一。
(3)件货赔偿率分以下两种:
①不得超过万分之五;
②不得超过万分之十。

三、货运质量事故

货运质量事故是指货物在空间位置的移动中,即货物在装卸船、车、入库、出库、运输、交接各环节中发生的货物损坏和数字溢短等事故的总称。常见的货运质量事故主要包括货损事故和货差事故。

货运质量事故按造成后果的严重性可分为:重大、大、一般货运质量事故。

重大货运质量事故:
(1)由于货物爆炸、火灾、中毒等造成人身死亡;
(2)涉外物资、珍贵文物、尖端保密产品发生灭失;
(3)货物价值损失在五万元以上。

大货运质量事故:虽未造成重大事故,但货物价值损失已超过1万元但不足5万元的事故。

一般货运质量事故:不属于重大、大事故的货运质量事故。

四、货运事故的处理

对货运事故的处理,应持积极慎重主动认真的态度。对已发生的质量事故,应分析研究导致事故的原因,以便改进工作,防止重复发生,并实事求是进行处理,不应消极地赔了事,更不应寻找借口,采取"推、拖、赖"的做法。必须本着对国家财产和人民财物负责精神严肃认真进行处理。事故发生后,必要时要采取措施,防止扩大损失,并按照合理步骤进行及时处理。

1.货运事故责任划分
货运事故责任应按有关规章和法律进行划分。

(1)承运人、港口经营人的责任

在承运人、港口经营人的责任期间内,货物发生灭失、短少、变质、污染、损坏,承运人、港口经营人应负责赔偿。但属于下列情况之一的除外:

①不可抗力;

②货物的自然属性和潜在缺陷;

③货物的自然减量和合理损耗,以及托运人确定的重量不准确;

④包装内在缺陷或包装完整、内容不符;

⑤标记错制、漏制、不清;

⑥非责任海损事故造成的货物损失;

⑦除证明属于承运人责任造成的外,托运人自行押运的货物,因照料不当的损失以及有生动植物的疾病、死亡、枯萎、减重和易腐货物的变质;

⑧负责范围内的甲板货物损失;

⑨其他非承运人或港口经营人造成的损失。

(2)托运人、作业委托人的责任

由于下列原因之一,造成船舶、港口设备或波及其他货物的损坏、污染、腐蚀或造成人身伤亡的,应由托运人或作业委托人负责赔偿:

①在普通货物中夹带危险货物,托运危险货物匿报品名、隐瞒性质和违反危险货物运输规定;

②在普通货物中夹带杂质、流质、易腐货物,或托运普通货物时未向承运人、港口经营人声明所含有害物质的性质和程度;

③错报笨重货物的重量;

④货物包装材质不良、强度不够、内部支撑不当等;

⑤货物外包装上必须制作的指示标志错制、漏制。

2.货运事故处理

货运事故处理涉及的内容有索赔、理赔和赔偿。

(1)货运事故索赔

①索赔程序。未投保货物运输险的货运事故索赔,索赔人(托运人、作业委托人)向承运人或港口经营人提出;属于投保货物运输险的货物,按《水路货物实行保险与负责运输相结合的补偿制度的规定》办理,即按保险条款规定的手续可向当地保险公司索赔,再由保险公司向承运人或港口经营人追查。

②索赔的时效。索赔人有权对货运事故提出索赔要求。托运人、作业委托人向承运人和港口经营人要求货运事故赔偿时,应在收到货运记录后提出索赔书,超过时效再提出的索赔要求不再受理,索赔人就失去了索赔的权利。

③索赔单证。索赔单证是索赔人向承运人或港口经营人索赔时提供的重要依据,主要有:货运记录、货运单证(包括运单、作业委托单等)、货物损失清单、价格证明等文件。索赔人所提供的索赔单证必须齐全、准确,而且各单证之间有关内容要相互一致。

(2)理赔

理赔是受理索赔方提出索赔要求的工作。

①理赔的程序。承运人、港口经营人接到索赔人提出的货运事故索赔书后,应予受理,并认真审核索赔单证是否齐全,单证内容是否准确、属实。经审核后,应提出书面意见通知索赔人。索赔人收到书面处理意见后,可以向承运人或港口经营人提出异议。

②理赔的期限。承运人、港口经营人收到索赔书后,应将处理意见在时效内答复索赔人,索赔人在接到处理意见后的时效内可以提出异议,否则承运人和港口经营人可即赔付结案。但货物被盗,并已向公安部门报告立案的赔偿期限可以顺延。

（3）赔偿

①赔偿规定。属于承运人和港口经营人责任造成的货物损失,承运人、港口经营人按以下规定进行赔偿。

第一,已投保运输险的货物,按《水路货物运输实行保险与负责运输相结合的补偿制度的规定》处理。但沿海航线运输的蜜蜂,按《关于沿海蜜蜂运输的几项规定》的有关规定办理。

第二,实行保价运输的货物,按托运人的声明价格赔偿,但实际损失低于声明价格时,按照实际损失赔偿。

第三,除上述以外的其他货物,均按货物的直接实际损失赔偿。

②赔偿价格的计算。按《货物运输事故赔偿价格计算规定》办理。

3.货运事故的统计和分析

通过货运事故进行正确、及时的统计分析,对提高货运质量有着重要作用,有助于对质量工作做出正确评价,发现工作中的薄弱环节,了解事故的性质和造成事故的原因,以便采取有效措施,加强质量管理。

统计分析是从数量关系方面来反映质量工作的面貌。把许多质量事故加以整理归纳,在综合大量案件的基础上,用数理统计方法,揭示质量事故数量变化和相关关系,以便得出反映质量问题的正确结论。

通过对货运质量事故的统计分析,表明造成事故的原因,主要表现在:货物装卸操作,船舶配、积载和库场堆存保管,理货交接和验收交付,办理货运手续和票据处理,货物的包装标志等方面的问题。其中有主观的、客观的,有工作态度方面的和技术条件方面的,有明显的或是潜在的因素,此外,由于海损事故所造成的货损和对属危险物品的化工原料缺乏理化知识所引起的事故等,也是重要方面。由于运输生产具有多环节联合作业的特点,这就要求对全部情况做全面分析了解,为采取措施改进工作提供可靠的依据。

第二部分
实训项目篇

项目一 库场作业计划编制及作业安排

 学习目标

1. 会编制库场昼夜作业计划。
2. 合理安排作业机械、作业人员。
3. 能够较好地沟通协调并处理好相关生产问题。

 项目任务

制订库场作业计划；组织协调作业。

 项目描述

根据货运代理报送计划和库场内作业需要编制库场入库、出库、杂项作业计划，明确当班作业重点、安全质量重点，并将计划下达到作业班组，掌握作业动态。同时组织协调作业，及时解决生产过程中出现的问题。根据现场需要对入货、提货车辆作放行指令。

 项目分析

本项目为编制库场作业计划，主要是根据情景设定的计划编制库场作业计划表。该项目在学会编制计划和合理安排作业机械的同时，锻炼学生的组织协调能力，培养学生仔细认真的态度。

 知识平台

一、库场计划编制要求

库场作业计划内容主要分3大部分，即卸车入库作业计划、装车出库作业计划、杂项作业计划。要制订好作业计划，必须做好以下几点。

（1）参加配工会，明确当班出入库作业重点、安全质量重点，熟知公司及部门领导指示和要求。

（2）落实交接班制度，交班者全面掌握作业货种、班组、劳力、机械配置及相关生产情况、提货入货计划、滞港车辆统计等记录，做到交清接明，责任明确。

（3）接班者要加强与业务部、有关货主、厂家联系沟通，掌握劳力、机械和各货种车数、货量及作业班组、开工点、转换时间、完工点，随时做好开工晚点原因、责任者等记录。

（4）严格执行装车出入库计划安排，及时通知各保管班，并随时沟通各班组作业进度、作业货种、转换时间等信息,全面做好现场各班组的合理调配,当班劳力、机械,组织衔接严密,消除误时压车。

(5)对当班出现的特殊情况,及时向值班队长反映,积极协调解决,不准推诿拖拉,甚至交到下一个班。

(6)做到优质服务,提供方便快捷的业务咨询,及时与保管班、车管班之间联系,发出指令,确保放车有序,达到货主、司机全满意无投诉。

(7)充分发挥"三位一体"作用,统一计划,统一劳力、机械配置,统一言调各班组人员,督促各班组的生产进度。

(8)根据作业进度实际情况,随时联系业务部调度室主管,做好机械调整,做好当班记录。

(9)及时掌握进港车辆滞港的具体情况,积极联系货代、货主及有关部门全力解决。

二、库场作业计划表

库场作业计划表是编排下一作业班组库场作业计划的记录表。主要分3个部分,即装车出库作业计划、卸车入库作业计划、杂项作业计划。表中要写明执行计划班别、执行计划时间、注意事项、交接双方签字等。

卸车入库作业计划的内容主要包括交班人、接班人、货主、堆场、货名、代理、作业班组人数、作业机械、具体的作业时间及完成的吨数。

装车出库作业计划的内容与卸车入库作业基本一致。

杂项作业计划的内容有作业地点、作业项目、作业班组人数、作业机械、作业的起止时间、作业吨数及当班理货员或保管员。

三、编制月度、旬度堆存计划

首先要掌握港口或本单位在计划期内的库场堆存能力,即可以使用的仓库和露天堆场在计划期内共能堆存多少货物。其次根据下月(或下旬)将在港口或装卸公司靠泊的船舶到港计划表,估计出非直取方式的货运量,并且根据下月(或下旬)将在本单位出口的货运计划,估计出需预先进入库场集中待运的货运量。然后利用上述资料进行需求与能力的平衡。平衡不仅要使总入库量与总堆存能力相适应,而且要使入库货物的种类、流向和数量,与各类专业化库场的能力相适应。最后根据平衡的情况,对本单位每个堆存区域编制出堆存计划。

四、编制日常堆存计划

编制堆存计划主要确定三个方面的内容:出库或入库路线、入库量以及各票货物的堆存货位。当一艘船的泊位确定后,便可开始编制堆存计划。

(1)为即将到达的卸货船舶制订堆存计划。因此,需取得以下资料。

①船舶卸货量。

②入库货物的数量、品种及批量大小。

③可使用的库场位置以及可堆货的面积。

④装载这些货物的舱口号码及装舱位置。

⑤货物将预计堆存多长时间。
⑥托运人员是否有特殊要求;换装接运的工具、货物的流向等。
(2)为即将到达的装货船舶制订堆存计划,需取得以下资料。
①承、托双方约定的货物集中日期。
②该船将装载的货物品种和数量,其中船边直接装船所占比重。
③每票入库货物所需的库场面积。
④可使用的库场位置以及可堆货的面积。
⑤每票货物装船的舱口号码及货物的配积载情况。在取得了上述全部资料后,就可对一艘船的进出口货物堆存作出计划。
(3)作出进、出口货物堆放库场的方案,确定货物的入库和出库路线。
计划的编制者可利用上述资料初步确定哪些地方用来集中出口货物,哪些地方用来接收船舶卸下的进口货物。
各个计划编制者在安排出、入库路线上,可视泊位和库场的布局、条件等作出进出分开或进出合一的堆存方案。
(4)堆存方案与搬运作业要协调,确保作业遵循以下基本要求。
①前方库场内堆存的进口货和出口货只要有可能,就要按流向分开。
②以将搬运距离缩到最短为原则确定各批货物的堆存场地。
③正确选择库场大门的数量和位置,库门最好与开工舱口相对应。
④进、出库场的交通路线应分道,选好交叉道口,确保危险地段的保护措施,必要时,应采用单行道方案。
⑤凡港区道路,应清除一切障碍。确保设备在码头前沿和堆存地之间的运行通畅无阻。
(5)计算堆存面积,确定各票货物的堆存货位。
计划的编制者要详细计算各票货物所需的堆存面积。如果面积充裕,计算就比较简单;但如果面积紧张,计算就要详细,并作出合理的安排。

任务一:编制库场作业计划。库场队理货中心于2013年6月13日白班准备编制夜班作业计划,其之前接到的代理提货入货计划如表2-1-1所示。

代理提货入货计划　　　　表2-1-1

序号	通知时间	代理	出入库	提/入货预计时间	货物名称	备注
1	12日9时	捷胜	出	13日21时	卷钢	
2	12日13时	飞翔	入	13日18时	硝酸铵	
3	13日9时	运通	出	13日22时	纸浆	
4	13日10时	港运	出	14日1时	铜精矿	
5	13日15时	宏达	入	14日9时	卷钢	库内
6	13日16时	威利	出	14日11时	袋装大豆	
7	13日16时	万福	入	14日13时	钢板	

假如你是理货中心的一名白班计划调度员,请根据上述信息为夜班编制作业计划。

任务二:根据库场要求,70-E22库场铜精矿夜班需要监护,请安排1名监护人员。由于下雨,库场69-D20有积水,请安排2名人员清扫积水作业。

任务三:13日夜班序号为1、2、3、4的作业项目均未完成,请根据本班的计划及表中信息制订14日白班作业计划。

完成项目报告。

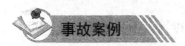
事故案例

一、数据未录入导致账货不符

××轮卸铝矾土装火车,清完垛后货主代理与计账班对账发现装车节数不对,铝矿班查原始单据火车装车记录簿,结果发现,4月24日,计账员张××没有将9节装自由轮的铝矾土出账。当日理货中心微机录入人员刘××也没有把9节584.82t铝矾土数据录入生产系统,查票人员也没能发现9节火车是空票。张××根据自己的登账数据与生产系统核对一致,也没能发现数据错误。

二、计划调度协调完成作业

5月22日,理货甲班小袋硫磺装船作业,接班发现货垛集中,无法达到6个头同时作业要求,现场采取积极协调账班措施,现场挪动隔离墩,创造作业条件,较好地完成作业,确保6个头同时开工。

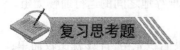
复习思考题

假如你的计划已经编制安排好了,而卸车入库车辆却迟迟未到,导致库场计划无法顺利实施。那么作为库场计划,你应该如何协调处理?

项目二 出口货物库场业务

本项目涉及从卸车入库到出库装船库场相关的货运作业。共分3个子项目。在进行该项目前,应先要了解出口货物库场工作程序(见第五章第一节)。

子项目一 卸车入库业务

学习目标

1. 掌握卸车入库作业流程。
2. 会缮制卸车入库作业单据。
3. 熟知货物垛型,苫盖达标。

项目任务

完成×公司钢板的卸车入库作业,缮制理货单据、作业工票、货垛牌,做好交接。

项目描述

2014年6月4日××港公司保管班收到×公司代理转来的集港通知,理货中心接到代理集港作业通知并制订作业计划,于5日早7时通知保管班8时开始卸车入库作业。理货中心安排作业机械为轮胎吊(车号为W189),工人数为装卸5队3班4名。8时20分,理货中心陆续放入重载车辆。

假如你是一名保管员,班长配工由你完成该票货物的卸车入库作业。

项目分析

本项目为库场保管员卸车入库作业,主要涉及:垛前会;堆码苫盖作业;理货单、作业工票的缮制;货垛牌的缮制与张挂;港方与货方交接的办理;入库货物账簿的填写。作业过程中,需要保管员做好安全质量工作。作业完成后,货垛要达到堆码苫盖标准。

知识平台

一、钢板卸车入库作业流程

(1)由货主(货代)联系业务部,并提供入货详细明细和计划,由库场生产主管安排货物堆场。

(2)保管班组按主管安排,结合现场实际货场情况,根据货主提供的货物详单,由现场保管员合理安排场地。

(3)卸车入库车辆到停车场登记,录入电脑车辆信息。由调度室提前安排机械、工人,然后通知停车场放行车辆。

(4)卸车入库车辆到货场后,根据先前掌握入货明细和计划安排场地、机械、工人到位。

①开工前会,讲明作业注意事项,严格落实集团公司操作流程并检查工属具,同时讲明码垛标准。

a.根据库内区位线内侧取齐,堆码成"一字"形垛,正面对齐。

b.规格一致,票数统一的钢板,以钩为准,每层错压 20cm。

c.规格不一致,票数统一的钢板,根据长短错压 20cm。

d.规格差别大,票数统一的钢板,对齐一头并错压 20cm。

e.货垛牌全部拴、放在货垛的右角(面对货垛),货垛牌填写规范、齐全、工整、及时。

②会后要求机械司机、工人签署《工前会记录本》和《工属具检查本》。

③摆放警示标志、加固已开车门。

④检查其他作业周边情况及可能出现的安全隐患,做好风险辨识、动态管理。

(5)卸车入库货物由货主现场监卸,提前收取入货车辆"卸车单"进行分票,入货按照业务部、货主要求堆码(如分规格、铺垫、是否盖垛等)。

(6)卸车入库作业结束后,监督清扫作业现场,落实现场安全质量规章制度,填写作业工票。

(7)入货严格落实相关操作流程,作业完毕,由货主与保管员现场签字确认,如有原货残,应制订货运记录,由货主签字确认。

二、垛前会要求

作业前应向作业人员讲明货物性质、件重、数量,纸浆作业要讲明分票情况,交待作业货位,检查作业人员劳保用品穿戴情况,并提出安全要求、质量要求。

(一)安全要求

1.环境安全

对作业周边环境进行隐患排查,做好风险辨识,人员合理站位,做好动态管理,抓好风险预控。

2.工属具安全

根据货种和作业实际正确选用工属具。作业中,正确使用工属具,每 2 小时检查一次,并做好检查记录。

3.人机配合安全

机械司机对现场环境观察掌握后,按指挥手手势作业,严格落实二次起落钩、转杆鸣笛等要求,不盲目作业。库内作业,两个高以上必须保证两人挂钩,指挥手应规范佩戴袖标,指挥手势清楚、正确,作业人员闪避钩底和钩行路线。

4.作业安全

(1)作业人员要穿戴好合适的防护用品。

(2)上下车使用车梯,上下 3m 以上货垛使用垛梯,并有专人扶梯,2m 以上货垛,作业人员要拴挂安全带、生根规范。垛上作业,严禁倒退先走,揭盖垛时,应抓紧篷布边。纸浆码垛,要使用好专用梯子,如遇大风天气,要落实好四人盖垛揭垛,要求扶好垛梯。

(3) 垛上作业,注意站稳。货物捆钩牢固,不偏钩。专用工具捆索应卡牢捆好,检查好起吊位置,不牢应停止起吊。易滚动货物底部应掩牢,防止滚动。装车时,工人应按规定要求进行加固,司机负责监护。加固牢靠后方可行驶,工属具和机械、车辆均不得超负荷。

(4) 长五金作业时,要使用好刨钩或溜钩绳,确保平稳落钩。做到不偏车。钩不落稳作业工人不准上车摘钩,工人摘钩后,方可再次起吊。工人应注意站位,严禁站在车帮上挂钩摘钩。

(二)质量要求

(1) 按标准要求堆码货垛。作业应按照安全操作规程、装卸工艺中规定的质量标准和堆码要求。定钩、定量、定型。垛型成行、成批、成线;不盖帽、不外涨;下松上紧,整齐牢固。

(2) 分票清楚,分清工原残。

(3) 货垛苫盖达标。正确选用符合货种要求的篷布等级,完垛随盖。压顶错压按季节风向顺压 2m 以上,围边篷错压 1m 以上,篷绳上下生根牢固,拦腰高度一致绷紧,垛顶加盖封垛网,确保结实紧固。

(三)其他要求

(1) 作业执行"四标六清"要求。

(2) 作业中撒漏随时清扫。

(3) 作业结束时,及时清扫作业现场及周边道路,篷布等备品按标准要求整理摆放好,通知工具备品队回收。

(4) 做好外来机械、车辆、司机、作业人员管理。及时疏导好车辆,安排停放有序,不堵塞交通。管理好外来人员,无关人员不得进入作业区域内。

(5) 危险品作业需严格执行相应危险品作业措施。

三、货物验收

货物进入库场,必须按有关规定的要求,加强货物验收工作。

(1) 对各种单证、台账及货物要进行详细核对。

(2) 货物标志。货物标志应清楚、正确,易于识别,以防止不同票的货物混卸混堆。

(3) 货物包装。货物包装种类繁多,规格形状各异。为了避免造成差错,必须按单分堆,不能混收、混堆、混发。除注意包装形式外,还必须检验包装质量,如有不符规定的,原则上不得收货,特殊情况下收货后应编制货运记录,以分清责任。

(4) 货物数量。收货必须按有关单证所注明的数量进行验收,发现溢缺应及时编制货运记录。

四、单据填写规范

(1) 所有单据的填写必须严格做到正确、清晰、完整、简略。

(2) 填写的内容要对应单据上的栏目,不能随意涂改,如需更改必须在更改处签章。

(3) 单据内填写的数字如有小数,为了避免小数认定错误,小数点后数字要写小或加下划线。如:123.23 或 123.23。

五、货垛牌

1.货垛牌及其内容

货垛牌是库场内为货垛做的标志,标明该垛货物的货名、数量、运单号码、收货人、入库日期、载运船名、航次等货物资料,是区别货物的重要文件。当货物进库场堆垛完毕,管理员检查合格后,库场管理员(理货员)就要填制货垛牌一式两份,并张挂或摆放在货垛两端的显眼位置。货垛牌的格式和内容各港有所不同,与正式货垛牌的基本内容相差不大。

货垛牌的主要内容有:

(1)船名、航次。记载水路进港货物的船名和航次。

(2)运单号或提单号码及到验编号或入库单号。这些编号都是根据一定规律或规定编记的货物特用号码,其作用就是为了区别货物。其中:运单号是沿海、内河运输货物的单证号码;提单号是国际运输货物的单证编号;到验号是港口对进港船舶的编号;入库单号则是对由陆路进港货物的编号,有的使用入库车号。

(3)收货日期或到港日期。表示货物进入库场的时间。

(4)货名、规格、标志。

(5)货物件数。货垛牌需要准确表示货垛中货物的正确件数。件数或者结存数、累计数都表示该数字;原件数则是运输资料表明的总件数。

(6)收货人、目的港。是货主名称和地点。

(7)收货员。是港口接收货物的库场人员的签名。

(8)备注。是货物情况、保管中的注意事项等需要特别说明的事项的记录,如地脚货、破损等,如表 2-2-1 所示。

货 垛 牌   表 2-2-1

货位:

船名				航次		到验		
收货日期				运单号 入库单号				
标志				规格				
货名				原件数				
入库				件数	累计数	破损情况	工组	收货人
月	日	时						
出 库								
出库				件数	结存数	船名车号	工组	收货人
月	日	时						

2.货垛牌的类型

根据货物堆垛的类型不同,货垛牌可制作为拴挂式、固定式、移动式。

3.货垛牌使用注意事项

(1)货物成垛后要及时张挂货垛牌,货垛牌填写正确无误。

(2)货垛牌应张挂和标注在明显的位置,袋装货物(俗称包头货)货垛要在货垛两端张挂。

(3)要经常检查货垛牌有无遗失、损坏,发现后及时补制或换新。

(4)货垛内货物发生变动应及时更新货物数量资料。

(5)货物提走后要收回货垛牌并立账。

六、货物的保管

进入库场的货物,必须根据货物的不同特性来进行妥善保管。

(1)分堆。不同票的货物或同票但货物理化性质、包装、形态等要求不能混堆的,应分别堆放,防止混堆和错堆。

(2)防潮。对怕湿货物,要注意防雨防潮,尽量堆放在干燥、通风的仓库里保管。如必须临时堆放在露天货场时,则应做到上盖下垫,确保不致雨湿或受潮。

(3)防晒。受热后容易腐败或发生燃烧爆炸的货物,应放在阴凉通风的库场进行保管。

(4)防火。库场周围不能擅自动用明火,现场严禁吸烟,以防止火灾发生。

(5)通风。有些货物进行呼吸活动,一般情况下,当环境中相对湿度较大时,货物会吸收空气中的水分,当相对湿度较小时,会散发出水分,当水分高或积热不散时,会发生霉烂,因此,对这类货物必须根据环境湿度情况及时进行通风散热。

(6)防止互相抵触。货物各有自身特性,特性互相抵触的货物不能堆放在一处。如烟叶和茶叶不能同放,因茶叶会吸收烟叶的气味,而且不易消除。又如氧化剂和易燃物不能同库储存,否则如两物接触,就会引起燃烧爆炸。

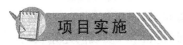

任务一:机械司机、工人已到达作业现场位于22区D20货位,请于作业前开好垛前会,并做好记录(表2-2-2)。

工 前 会 记 录　　　　　　　表2-2-2

日期	时间	作业内容	引用文件	签字确认

补充内容:
....
....
....
....

任务二:指挥工人码垛作业;按要求分票、分材质;与司机、代理办理交接;完垛后苫盖并达标。

上午9时,放入车辆到达作业现场及其载货信息如表2-2-3所示。

车辆载货信息　　　　　　表2-2-3

车牌号	件数	合同号	材质号	规格	颜色
鲁B73578	4	DF12B159CCC	T355J2+M	25×2500×12000	红
鲁B23563	4	DF12B159CCC	T355J2+M	25×2500×12000	红
鲁B32273	4	DF12B159CCC	T355J2+M	20×2500×12000	红
鲁B53570	4	DF12B159CCC	T355J2+M	20×2500×12000	红
鲁B63931	3	DF12B159CCC	T355J2+M	20×2500×12000	红

任务三:上午10时50分结束作业,该垛货垛号为M9008。请填写理货单、作业工票、缮制货垛牌并张挂。

任务四:填写卸车入库货物记录簿。

完成项目报告。

一、"××"轮钢管挂错货垛牌事故

2007年7月6日夜班,保管员张××(化名)在某码头堆场负责"××"轮卸车入库钢管作业,将同货种、不同数量的两个货垛的货垛牌挂反,造成单货不符。侥幸被库场理货员装船前清点查验货垛时及时发现,避免了一起货运质量事故。

二、货垛牌未填件数造车无法发货

2014年2月2日夜班,理货员李××从事××轮大豆包房做包码垛作业,在GG20/90货位所码606垛,完垛后,填写货垛牌时漏填货物件数。2月3日保管班替班保管员张××未履行查货岗位职责,查货不认真。事后保管一班负责该货场查货的保管员徐××发现问题未及时纠正。直至2月21日火车发货时,发现该垛货垛牌(扉子)上没有货物件数,无法发货,造成火车发货不及时。

假如卸车入堆场的货物是散装货物,应该如何作业,有哪些地方与件货相同,哪些不同?

子项目二　卸车入库货物账务管理与配船

1.能建立入库货物台账并核对账货信息。

2.会制作装船顺序单。
3.根据装船顺序单做好库场的货物配船作业。

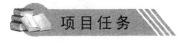

项目任务

建立×公司钢板的入库货物台账。根据其代理发来的装船通知制作配船顺序单,并做好配船作业。

项目描述

项目一中由保管员填写的入库货物账簿转到账务管理部门,管账员根据入库货物账簿建立入库货物台账,当代理发来装船通知,管账员依据代理提供的装货明细制作一式六份的配船顺序单,同时将一份装船顺序单交由保管员进行配船工作。

项目分析

本项目为入库货物账务管理及配船作业,主要涉及:入库货物台账的建立;配船顺序单的制作;库场配船作业等知识。

知识平台

一、入库台账

台账的内容应包括:进出口船名、航次日期、交接单(或运单、舱单、提单)号码、货名、标志、件数、重量(体积)、到发港和收发货人等。

货物进库,应填写进库台账。台账应与进库货物的数量、重量及进库过程相吻合。如发现数量、重量、包装、标志等不符,应按规定程序予以更正或采取措施,并及时汇报。货物出库,按日期分批在台账上注销,直到每票货物出清为止。每票货物应有专人管理,每日应对货物的进出及库存情况与台账进行逐票核对,做到货、账相符;如货账不符,应及时查清。

二、账务管理内容

1.检查单据

记账员负责指导和检查保管、理货、计量等班组各种单据、作业项目的规范正确填写。工作内容主要是:检查理货单证的规范填写;核对理货数据,确保作业数据无遗漏。

2.出入库货账管理

理货单据转到记账班,记账员批注出入库理货单证,做好货账管理。

(1)根据当班作业的厂家、货名、规格、垛号、件数等在所管货账上一一入账。

(2)如有货运质量事故,要求理货班编写货运记录或事故报告表,要有责任人签字认可。

(3)根据船名、货种、仓单、理货单建立相关台账。

(4)每天对前一天白班和夜班的作业情况和分管保管班查货人员仔细核对装船清垛情

况以及余垛件数是否一样,做到现场实货与货账和微机以及作业理货单完全一致。如保管班在货账上不一致,必须找当班作业人员查明原因,对账问题必须做到日清日毕,遇到货运事故,立即向上级领导汇报反映。

(5)理货数据输入后,按照不同厂家、货名与电脑认真核对,做到货账总件数、垛号、件数、规格、货位完全相符。如有不同,重新进入公司生产系统修正正确。

(6)核对理货单有无船方和外理签字,作业时间与装卸班别是否符合要求,单据是否书写规范、字迹是否清晰,货名、垛号、规格是否书写正确,件数和重量是否准确,如有错误,管账人员应通知作业理货员立即整改,并给予作业理货员考核验收。

(7)对照理货单,在作业顺序上按照提单号、五金规格、垛号、件数逐一圈账。

(8)根据完成的理货单,在相应的货账上按照垛号和件数一一出账。如当班作业配船顺序上有余垛,必须当天和保管班核对是否相符。

(9)查看对完船的理货单据有无完船记录,内贸清单船方盖章是否正确。累计装卸船总件数和配船顺序件数相符。

3.货物配载

(1)货主或代理在装船前必须写明装船的船名、厂家、货种、垛号、区位、件数,并要签字或盖章确认,留做备存。需要明细的货种要求代理货主提供详细的明细清单。

(2)仔细核对代理货主转交上来的单据是否符合要求:船名是否准确;作业合同是否有业务部进出口台印章;内贸船运单,清单要与合同三单一致;外贸船放行单不能有划痕,如不符合要求须转交人写出书面保证,确保责任不在港方;外贸船要认真核对船名、航次、合同是否正确。

(3)根据货主代理提供的船名、厂家、货种、垛号、区位、件数,在配船顺序上写明船名、航次(航次)、提单号、规格、批号、垛号、区位、件数、平均件重、每票累计件数和重量、装船要求以及货主代理联系电话,如有余垛、堵垛以及一个垛出多票的情况都需注明。

(4)根据配船顺序,在相应的货账上对照装船垛号用铅笔注明装船船名。

(5)装船顺序一式六联,检查装船单据正确无误后,第三联转交货垛所在保管班配船,并要求保管员签字认可,装船顺序第一联留作出账备存,其余四联同其他装船单据一起装订,经签字确认后转交理货班。

项目实施

任务一:建立入库货物台账。

根据子项目一的入库货物账簿,建立入库货物台账。

任务二:制作装船作业顺序单。

×公司发来装船通知,根据装船通知内容制作装船顺序单。

任务三:现场配船作业。

将装船顺序单的一联交给保管现场查货人员,查货人员根据装船顺序单做好现场配船工作。

完成项目报告。

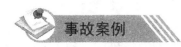 事故案例

一、"××"轮单货不符事故

2007年7月23日,某港职工刘××(化名)负责"××"轮H钢的配船工作,错将33货场03号货位的提单号JY01写为JY03。理货员张×(化名)在装船查验复核货垛时及时发现,避免了一起严重的错装事故。

二、船名配错事故

2012年6月6日21时50分,A轮停靠5泊位装5000t杂货,6月8日5时30分,B轮停靠9泊位装8000t碱。由于记账员吴××错配船名,将A轮600件货物装到B轮上,造成严重损失。经过检查单据发现:6月4日吴××接某公司单据,没能认真核对,A轮09和10两票错以为是B轮的货物,将09提单M502垛200件,10提单M501垛400件海湾碱配载到B轮上。

 复习思考题

货物装上船后,记账员应如何对入库货物台账进行账务管理工作,请在你建立的货账上进行操作。

子项目三 装船理货作业

  学习目标

1.了解配工会,开好工前会。
2.能够识别货物的合同号、规格、批号,选用恰当的理货方法点清装船货物数目。
3.会缮制装船理货单,完船后办理好交接。

  项目任务

完成×公司钢板装船理货作业。

  项目描述

船舶到港,按照配船顺序单上写明的货垛和货物由库场理货员组织装卸工人和机械发货装船。理货员要恪尽职守,认真核对装船货物以免错发漏发。同时要填写装船货物理货单。完船后要办理交接手续。

  项目分析

本项目为装船货物理货作业,主要涉及:配工会、工前会;读识配船顺序单,按照配船顺

序发货装船；理货单的填写以及交接的办理等知识。

一、货物出库装船理货工作程序

1. 现场理货程序

(1) 准备工作。

① 根据装船通知书，查阅配载图，确定装船货物数量；与船方联系确定货物装船位置，每位置的数量，衬垫堆码要求，约定理货方法。

② 准备理货工具、货物资料、交接文件和单证。

(2) 装船理货。

① 依据约定的理货方法对货物进行理货计数，发放小票或筹码。

② 与船舶理货核对理货数量。

③ 处理在装船过程中的货物质量问题。

(3) 装船作业安排和装船质量监督。

① 根据装船计划和作业进度，调整装舱位置。

② 指挥工人的货物堆码和衬垫作业，监督和制止违章操作，保证作业质量。

(4) 货物交接。

① 货物装船结束，会同船舶理货检查作业线路和库场，防止遗漏。

② 填置装船理货单，并与船舶理货核对、签署。

③ 填写货物"交接清单"，连同货物资料、货运记录等文件交船方。

2. 库场理货程序

(1) 核查提货单或者装船计划，掌握货物出库数量和进度。

(2) 确定提货货位，通知调度安排作业机械和人员。

(3) 出库装船货物与船方理货商定理货方法，或者进行点垛计数。

(4) 作业前确认货物，收起货垛牌。

(5) 作业中点算出库货物，指挥出库作业。根据出库数量控制作业进度。

(6) 填写理货单，与对方互签单证。

(7) 作业完毕，指挥清扫、收集地脚货，并安排随货同行，检查作业线路。

(8) 货垛未提完的填写货垛牌并张挂。

(9) 汇总理货记录与对方核对，填写报表、货账、交接单等，将资料交给核算、交接组。

二、库场理货方法

库场理货计数是一项极为烦琐，又不能马虎的工作，既要保证计数准确，又要方便快捷，尽量减少对作业速度的影响。人们在生产实践中总结和设计出了许多针对不同货物的理货计数方法和工艺。为了使交接双方对理货的结论共同认可，并且在理货过程中互相配合，提高理货质量，加快理货速度，交接双方在开始交接前一定要就理货计数的有关事项达成一致意见，包括理货的地点，采用的方法，集货工具的使用，货关的件数，货物的堆码、垛型等。在理货过程中遵守约定和规定，互相配合，发生问题及时协商解决。

(一)计件货物的理货

1. 小票计数

以货物卸船进库为例，说明小票计数的方法。货物从船舱卸出时，船舶理货员清点货关货物数量，将货物数量填写在小票上交给拖车司机。拖车司机将货物拖到库场时将小票交给库场理货员。库场理货员核对票上记载货物无误后收留小票，指挥货物上垛。工班结束时依据小票统计货物总件数。

用来计数的小票是一种规格较小的票据，故称为小票。小票采用固定的格式，有流水编号，票面分为记数交接栏(可撕下)和存底票根两部分。记数栏可填写货物基本资料和货物件数，以便识别和区别货物。计数栏的填写与存底票根一致，双方持有，以便核对。因而小票计数便于区别货物，不会造成错卸、错收、错堆，便于查对货物数量。无论是能够定关或不能定关的货物，都可以采用小票交接计数。但纸质小票有容易损坏和遗失的缺陷。采用小票交接计数时，要求搬运司机传递小票，做到无票不拖运，收票拖运，保管好小票，货交票交，防止货票分离。库场理货员在核对货、票时，发现货、票不一致，要当场与对方联系、现场解决。

2. 发筹计数

发筹计数的过程与小票计数基本相同，只是用筹码代表货物数量。发筹计数是一种极为古老的交接计数方法。筹码可以用竹、木片、塑料等材料制作，使用不同的雕刻、颜色、形状以示区别。发筹计数前双方必须约定筹码所代表的货物数量，通常以一个货关发一个筹，每个货关的货物件数必须相同。发筹计数只是用于可以定关、定量、定型的"三定"和具有同包装、同规格、同货名的"三同"的大宗件货交接计数。

虽然可以采用不同格式的筹码表示不同的货物，但由于筹码的格式种类不多，在多票货物作业时会造成混票。如果筹码没有编号，又不留底，当双方的货物关数出现差异时很难核对，只有翻舱、翻堆重新计数。如有编号，则要按号码次序发筹。

3. 挂牌计数

此计数方法适用于水平搬运距离较长，特别是中间还要转换作业的货物交接，如江心卸驳转码头库场或途经公共道路的作业，因作业特殊，需要作业班组与库场配合理货，交方在做好的货关上悬挂该关货物的理货资料的货牌，接方收到货物后取下货牌，核货收留货牌，计算货物数量。除对一个货关挂牌外，对数量较多的整车、整驳的货物也可以采用挂牌计数的方法。

4. 点垛计数

交接双方在港口库场检查并点算货垛上货物的数量作为交接货物数量的理货方法。点垛计数是花费时间少、速度快的理货方法。点垛计数是港口货物交接最常用的理货方法，对所有堆放或者要堆放在库场的货物都可以采用。在实际中往往需要约定或者根据双方习惯采用点垛计数。

点垛计数的首要条件是库场的货物码垛标准，能够直接在货垛上点算货物，有时直接使用货垛牌上记载的货物件数，因而要求库场码垛要标准，防止夹垛、缺垛的情况出现，采用方便点算货物的垛型(如平台垛、二联桩等)。同批货物和同时交接的零星货物集中堆放，防止漏点。

由于点垛交接计数都是在库场内进行的,点算完毕不再理算,相当于货物在库场交接,因而货物作业完毕,库场理货员要详细检查船舶舱底、甲板、作业线路、作业设备、库场、装车场等货物经过的线路,防止因掉落、遗漏货件,造成漏装漏发。另外,在库场点数与作业合同确定的船边交接货物不一致,为了明确责任,往往还要在船边验货和办理交接。

5.点交点接

双方理货人员在库场,根据货物单证的记载,当场逐件点算、核对、检查、签收货物。点交点接主要用于大型机械设备,贵重货物,有特殊运输要求的货物,成套货物,同批规格差异大的货物。点交点接的理货计数方法最仔细,计数准确,但计数工作量也最大。

6.划关计数

划关计数是指双方在装卸现场,分别对吊下、吊上船的每一关货物进行点算并记录,工班结束时进行汇总的计数方法。划关计数采用方格簿作为记录本,每一关的货物件数都要点算记录,记录簿是原始凭证,要妥善保管。对定关的货物,也可以采用"正"字笔画代表关数的方法记录。划关计数时,货关必须落地(落甲板)点数,不能悬空点数,双方理货员在记录前要口头提示(唱码),计码后要复核书面计数。

划关计数的理货工作量很大,速度也很慢,理货人员不得离开现场,理货的精度受理货人员的工作态度和精力的影响很大,过后无法复核。因而划关计数大多对批量少的货物,或者是数量交接要求不高的大宗货物采用。港口装卸大宗件货时,为估算作业进度也使用划关计数。

(二)凭货物重量、体积交接的货物理货

件杂货的交接只计件数,不计重量。但不计件数的货物就得根据货物的重量或者体积进行交接。此外,绝大多数的货物都依据货物重量来计算运输、作业、保管费用。核定货物的重量是库场理货的一项重要工作,也是保证库场安全使用的一项工作。

1.货物重量的确定方法

货物重量是货物运输和作业的基本资料,对于安全生产和计费收费直接有关。货物重量由货方申报,但港口必须核对货物的重量。这项工作大多数港口由商务部门承担,一些港口由库场理货承担。

货物重量采用公制单位"吨",每吨1000kg。货物重量的确定方法有:

(1)逐件衡量确定货物重量。可以采用称重、丈量计算等方法确定单件重量。

(2)由标准重量确定货物重量。由货物的标准重量,考虑到含水量的不同进行换算。

(3)利用体积确定重量。通过丈量货物的满尺体积,每$1m^3$为1t。

(4)利用船舶吃水确定货物重量,即通过水尺计量确定货物重量。

(5)利用换算重量确定货物重量。根据规定的换算重量确定(见附录二、表1)。

2.使用连续、快速作业的法定计量手段计量

对于大宗散装货物,港口具有连续、快速作业的法定计量手段的,可以采用这些自动化设备进行货物计量。连续、快速的计量手段主要有:轨道衡、皮带衡、定量灌包器、流量计、地衡等自动或快速称重计量设备。使用连续计量的仪器设备必须是法定许可用的设备仪器,并经计量行政部门检验并颁发合格证书。

采用连续计量方法往往由计量设备打印出货物的重量或者体积,并能累加总数,大大减轻理货工作的强度和时间,货物计数工作大都由仪器设备操作人员承担。若测量设备没有专人负责的,就由库场理货员进行测量、记录。此外,货物必要的检验、交接签认等还要理货员承担。

3.水尺计量

水尺计量是利用船舶漂浮在水面,船舶的重量等于其水线以下体积排水量的物理原理来计算货物重量的方法。由于水面的不平静使得水线读数存在误差,货物重量等于船舶重量减去船体、船舶物料、船舶常数等的重量,而这些数字都只能是估算获得,因而水尺计量的误差较大。水尺计量只适用于整船运输的低价值货物的计量,如煤炭、矿石、粗粮饲料、废钢等的计量。但水尺计量的方法简便,基本上不需要对货物计量支付费用,是大宗低价值货物计量的可行方法。

4.油量计算

对没有流量计量的大宗液体货物(如石油的货量)可以通过油量计算的方法确定货物数量。该方法的原理是:通过测量每个油舱的货物体积和液体比重,两者相乘得出货物重量。油量计算的程序为:

(1)测量每个货舱的空当高度,该货舱液体的比重、油温。

(2)通过空当修正的高度,查货舱资料,得出货物体积。

(3)计算货物重量。

库场理货的工作主要是:会同船员测量空当高度、测比重、油温,核对计算结果并确认。

(三)不计量货物的理货

1.原来、原转、原交货物的理货

对于港口、运输部门不具备连续、快速作业的法定计量手段的大宗散装货物,可以约定采用原来、原转、原交的方式交接,运输、作业中都不计量。对港口来说,原来、原转、原交就是港口采取专堆存放,专门操作,不并堆、不分劈货物。货物进港前,库场确定一个清洁的、足够容量的货位,货物集中存放。货物提取完毕,清理地脚并交付,则交付完毕,库场无需提交具体货物数量。原来、原转、原交只适用于大宗散货,且需要事先约定方可采用。

对原来、原转、原交货物的理货工作,在提货过程中要辨认好货物批号,同批号货物才能从该堆中提取。无论还有多少货物都不能并堆。货物提完要通知对方一同检查堆位,堆位全空则交付完毕,可以办理交接手续。

2.凭装载现状交接货物的理货

凭装载现状交接是指货物装舱(车)后,港口与运输工具负责人仅凭货物在船舱或者车厢内的堆放状态进行交接,不再对货物进行计量,只以运输工具的载重量作为货物重量。装载现状有两种方式:一是货物经过平整,凭平整的表面或平整痕迹进行交接;另一种是以货物堆装时的自然堆型形状进行交接。库场理货的工作就是确认和记录货物的装载现状,检验货物,对装载现状改变进行认定和记录。

3.凭舱封交接货物的理货

凭舱封交接是指货物在运输时,将货物装入舱(车)后对货舱(车厢)进行铅封,港口与运输人只凭铅封状态和货舱、车厢外表状况良好进行交接。在起运港库场,理货会同运输人实施舱封或封车，交付货物。在到达港库场，理货则会同运输人查验铅封和车厢、船舱的外表状态，确认无损则收货。有损坏则编制货运记录，以明确责任。

任务一：参加配工会，认真听取工作任务。并到达指定作业区，开好工前会。
任务二：商讨理货方法，完成装船理货作业。
根据配船作业顺序单，查找好货垛和货物，组织工人发货装船，并记录。
任务三：填写理货单据，完船后办理交接。
完成项目报告。

一、"××"轮错装事故

2007年9月28/29日夜班，某港库场理货员陈×负责"××"轮H钢装船作业。作业中，由于发货时没有按照规定要求逐一复核货垛，导致该装的货没有装上，不该装的货垛却被装上了船。作业结束后，又没及时对所装货物进行核对，造成全部捣舱。

二、"×××"轮盘圆漏装事故

2009年12月20日夜班，某港库场理货员张×从事"×××"轮盘圆装船作业。作业至19时，张×将N119垛241件盘圆发给中班工人进行装船作业，当中班工人向夜班工人交班时，此垛已装船30件货物。夜班工人接班后，从此垛装船121件货物后进行换票继续作业，当班共计从此垛装船151件盘圆，余90件未装船。由于张×责任心不强，将装船顺序上的N119垛241件全部圈清，没有复核装船顺序所圈数字，导致90件盘圆全部漏装。

三、"××"轮圆钢混装事故

2006年，"××"轮在某港卸火车装圆钢作业，库场理货员未按照货主配载要求，没有按舱别顺序先后发货装船，而是将1舱、2舱同时发货，结果造成装上船的货物混装，致使货主不办交接，不同意开船，对外造成较大影响。

货物装完船后，库场的管账部门应如何处理该船货物的账务？

项目三 进口货物库场业务

本项目涉及从卸船入库到出库装车库场相关的货运作业。共分3个子项目。在进行该项目前,先要了解出口货物库场工作程序(见第五章第一节)。

子项目一 卸船理货作业

学习目标

1. 处理货物溢短残损事故,编制货运记录。
2. 会填写卸船理货单并与船方办理好交接清单。
3. 熟悉库场理货员岗位工作任务。

项目任务

完成"港湾"轮的卸船理货作业。

项目描述

一艘载有卷钢的"港湾"轮,6月15日从××港出发,6月21到达×××港,靠泊该港口72号泊位,全船货物采取间接换装作业(卸船入库)。你是一名库场理货人员,请你与船方协商理货方法,完成该轮的卸船理货作业,并办理好交接手续。

项目分析

本项目为卸船入库理货作业。主要是考查对理货方法的选用、理货相关单据的填写及交接的办理。

知识平台

一、卸船入库理货程序

(一)现场理货

1. 理货准备

(1) 首先根据货物运单、交接清单等确定和掌握货物数量、名称、包装、标志。

(2) 根据库场堆存计划确定货物堆存位置和货位、垛型。

(3)根据船舶积载图和分舱单确定货物所在船舱及舱内的位置。
(4)与船方及船舶理货、单船指导员等人确定作业计划和顺序,商定理货方法。
(5)准备理货记录簿、交接小票或筹码、手电筒等理货工具、用具,货物资料和理货单证等。

2.实施理货
(1)开舱辨认货物,核对货物的品名、规格、包装、标志确实是所要卸货港货物;检查货物在舱内的表面状态,确认无湿损、破损、倒垛、装舱混乱等不良现象。
(2)作业过程中对货物进行清理点数,检查货物状态,做好现场理货记录;收好小票或筹码;发现货物损害,编制"事故现场记录"。
(3)对货物进行分票;按要求进行分标志、分规格。

3.卸船作业安排与督促
(1)根据卸货进度和作业计划、卸船计划,以及库场安排的需要,指挥换舱作业、换货作业、停工等作业安排,控制作业数量和进度。
(2)观察船舶的水尺,指挥或调整工人作业舱位或位置,保持船舶平衡。
(3)指导工人的拆码、组关作业,检查和鉴定工人的作业质量。

4.工班结束和卸货完毕
(1)工班结束时,要做到一班一清,与船舶理货核对理货数量,填写"卸船理货单",签署船舶理货的理货记录,做好与下班理货员的交接班。
(2)会同船方、船舶理货员检查作业线路和作业工具;查对发现的残损货物,在理货单上记录并要对方签认。
(3)一票货物卸完,要一票一清地做好理货单统计,办理整票货物的交接手续。填写货账。汇总并将理货资料交回检算人员。

(二)库场理货

1.理货准备
(1)根据库场昼夜作业计划或者港口作业委托单(入库联)、运单、交接清单等货物资料,了解和掌握入库货物的名称、规格、包装、标志、总数量、收/发货人或流向。
(2)明确货物入库方法和时间,作业进度安排。
(3)确定货物的堆存货位。安排货位整理清洁,准备苫盖物料。
(4)卸船入库的货物与船方商定理货方法,准备理货用具、记录报表等。
(5)申请港口调度安排库场作业机械和人员。

2.理货
(1)按约定的理货方法,清点、理算货物,做好理货现场记录或者收留保管好交接小票或者筹码。
(2)根据货物资料辨认和确定要接收的货物,认真检查货物状态。
(3)根据要求做好分标志、分规格,分堆码垛。
(4)卸车入库货物每车都要让司机签署理货单或者入库单。

3.指挥码垛作业
(1)确定货垛形状,指挥垫好垛垫,开好垛头。

(2)指挥作业人员做好码垛作业,确保码垛质量。
(3)作业中随时清扫地脚货,散落货物及时归位上垛。
(4)堆场货物及时苫盖。

4.货物入库完毕

(1)卸船货物,检查船舱、作业线路、作业设备,防止遗漏。
(2)汇总、统计理货单,与船方核对、相互签单。
(3)填制货垛牌并张挂妥当,或做好简易货垛标志。
(4)处理好地脚货和残损货。
(5)将理货单、现场理货记录、车辆交接记录交给交接组,填报货账。

二、货物交接的内容

货物交接时,交接双方都要安排人员在现场进行交接,要求对交接的事项交待清楚、交接的物品点算清楚、交接的单证签署清楚、交接的数据核对清楚、交接的争议弄明白。

港口交接的内容有以下几个方面。

1.货物

所要进行交接的货物必须是运输合同或者提单、作业委托合同(单)明确列名的货物。货物的名称、规格、运输包装、标志、发货符号要单货一致。否则接方可以拒绝接收货物,不予交接。

2.货物数量

货物的交接数量是根据运输合同或者提单、作业委托合同(单)所确定的、交方必须交出的货物数量。实际交接的货物数量与单证上记载的数量不一致,则构成货差或者溢货,要由交方对短少或者增多的货物负责。货物短少涉及赔偿,而增多则构成违约和增加费用。出现货物溢短,不停止交接,双方办理手续、编制记录明确责任。

3.货物状态

在货物交接时,双方要对货物进行检查,确认货物处在协议约定的状态以及符合安全运输和安全作业的状态。交接时发现货物有破损、湿损、污损等不良状态,应编制记录加以认定,以明确责任,但接方不能拒绝接收货物和已损坏的货物。

4.货物资料、单据

在货物交接前,交方应将有关货物特性和数量的资料交给接方,以便接方了解和掌握交接的内容,了解货物。在货物交接同时交接随货运输的货物单据,如货物运单、货运记录、残损溢短单、许运证明等。交接时双方互相签署交接记录、交接清单等交接证明文件和留底依据。

5.其他物品和事项

在货物交接时交方还要把在货物运输单证内注明的,或者交方为保管而收留的货物配件、零件、图纸、技术资料,以及车辆钥匙、电池、动物饲料、备用包装等一同交接。交方向接方说明货物的运输保管注意事项等。

三、货物交接与责任划分

货物运输的一个简单过程是:货主用车辆将货物运进装货港,装货港收货、保管、装船,

船舶将货物从起运港运到目的港,卸货港卸货、入库保管,收货人提货。在这个过程中,货物不断从一个掌管人转移到另一个掌管人。为了保证货物运输质量,明确各个环节当事人的责任,防止责任推诿,通过货物交接时把关,实行交接责任制是有效的方法。

交接责任制是以交接时的货物状态确定交接方承担的责任,以交接划分责任期间。货物在交接时发现的损害、短缺由交方负责,交接以后由接方负责。

采取交接责任制要求采用双边交接的方式,在交接时双方安排人员进行交接检查、点算,现场核实交接内容。双边交接时未参加的一方,视同放弃责任,由此产生的交接不明、责任不清由其负责。

货物交接责任的具体划分:

(1)货物在发货港进港时发现的残损、溢短由发货人负责。

(2)货物在装船理货时发现的残损、短缺由起运港负责。

(3)货物卸船出舱时发现的残损、短缺,无船舶与起运港编写签署的"货运记录"的,或者残损、溢短超出"货运记录"的部分由船舶负责。

(4)港口交付货物时发现的残损、短缺,由到达港负责。

(5)划关、点垛计数,港口未按规定码垛、做关不准无法计数时,货物短缺由港口承担。

(6)港口交错、发错货物,港口负责追回货物,并发出正确的货物,费用由港口承担。

(7)港口漏发货物,由港口负责补发,承担费用。构成迟延的还要承担迟延责任。

四、理货交接班

昼夜连续进行的港口装卸作业使得库场理货工作也需要不间断地连续进行,港口采用昼夜三班交替更换的方式保持理货工作的连续。库场理货人员每次上班和下班就需要进行交接班。做好交接班工作对保证理货工作连续正常进行、对防止差错、保证理货质量、明确责任有着重要的意义。理货人员要严格遵守规定,严肃、认真地做好工班交接,防止发生责任事故。

1. 交接班的要求

(1)接班人员应提前到达交接班现场,认真观察,主动向交班人员了解情况,认真听取交班人员的情况介绍。

(2)交班人员要做到工作不清不交。在交班前抓紧时间完成手头工作,将工作告一段落,做好工班结束的单据汇总、记录、统计、签署工作。

(3)接班人员要遵循"情况不明不接"的原则。详细查阅和询问工作情况,核对单证、数字,把工作情况弄清楚,做到心中有数。

(4)交接双方应当面交接,不准使用便条交接班。未经领导批准,不能代交代接。

(5)交接时交接双方应一同巡查工作现场,交代工作内容和注意事项。

(6)接班人员未到,交班人员不能擅离岗位下班。无人接班或者接班人员拒绝接班时,交班人员应向领导汇报,由领导另行安排人员接班。

(7)交接班时,要把交接班情况在"交接班记录"上详细记录。交接完毕,双方在交接记录上签字。

2.理货交接班的交接事项
(1)货运单证、货物资料。
(2)货物在船上的位置、作业和理货要求、商定的理货方法、理货工具、记录。
(3)本班工作进度、作业量、作业安排和调整、调整原因、方法。
(4)溢短、残损货物的数量、处理安排、验残方法、现场事故报告。
(5)库场堆存计划和货位安排、已开工的货位。
(6)货物关数、货垛大小及垛型、苫盖要求、货垛牌。
(7)地脚货的数量及堆放位置。
(8)安全工作的要求和措施。
(9)上级安排的其他工作。

3.交接班注意事项
(1)残损货、退关货、贵重物品、危险品要在现场当面交接清楚。
(2)易燃品、危险品等特殊货种要交清所采取的预防措施。
(3)防台、防风、防雨的工作准备和措施要准确交待明确。
(4)交班人应将资料不全的货物交待清楚。
(5)交接责任的划分界限为双方在交接班记录上签署完毕。交前由交方负责,接后由接方负责,交接不明由两者共同负责。

五、残损货物管理

货物残损是指货物在运输、装卸作业、保管过程中,由于操作、保管不当以及意外事故等原因,造成货物包装、内容的损坏、理化性质发生变化,而使货物丧失或者可能丧失原有的用途或者价值降低、甚至灭失的现象。由于运输中不打开包装验货,对于货物内容可能发生损害的包装状态不良也当作货物残损处理。如果货物内容没有损坏,只是无需赔偿而已。

1.货物残损的原因
根据责任承担的原则,货物残损的原因可以分为原残、工残和免责货损。
(1)原残。港口在货物交接检查过程中发现的残损货物,或者交方提交的货运记录或残损单列明的残损货物为原残残损货物。原残的货物残损损失不由接收方承担责任。
(2)工残。港口在货物作业、码垛和保管中的不当所造成的货物损害,以及港口在接收货物时未发现而在交付时被发现的货物残损为工残。货物工残的损失由港口承担责任。
(3)免责货损。货物在港口期间发生的货损,属于以下原因的,港口不承担责任,但港口要证明货损的原因,也就是说,港口有举证的义务。
①不可抗力;
②货物本身的自然性质和潜在缺陷;
③货物自然减量和合理耗损,以及作业委托人确定的重量不准确;
④包装内在缺陷或包装完整,但内容不符;
⑤标记错制、漏制、不清;

⑥作业委托人自行照料不当的损失,以及证明不属于港口责任造成的有生动、植物的疾病、死亡、枯萎、减量和易腐货物的变质;

⑦非港口责任造成的损失。

2.货物残损的处理

(1)理货验收和卸载时要剔出残损。在卸船、卸车作业中,发现货物残损,理货员应停止卸货作业,要求作业人员将残损货物剔出另放,严格防止将已残损货物混入货物之中。待工班结束或作业完毕时,会同对方对剔出的残损货物进行查验登记,核对货运记录或者编制现场记录、货运记录或残损单并上报。

(2)作业过程中因操作不当造成货物损害的,要及时编制事故报告或现场记录。由操作责任人、作业工班班长签字。将事故记录上报交货运商务部门。

(3)对剔出的残损货物要按票分开堆放,不得混入货垛,并采取防止扩大残损的措施妥善保管。在起运港的原残,通知发货人换货或者修理货物。发货人无法换货修理的,与编制的货运记录、残损单一起随原货运输、交接。

(4)目的港或者中途港以及收货人、转运人在接收货物时,不能拒收残损货物。

(5)整票货物完全残损,丧失用途时,经合法检验确认,港口通知货方后可以不再转运,作为垃圾处理,但货运单证必须正常传递和交接。

3.验残与记录

货物残损的现象有多种多样,涉及货物理化性质的改变,货物等级、价格的降低都构成残损。在运输交接中对可能发生内容损坏的货物包装损坏或者外表状态不良,也作为残损处理。常见的货物残损情况有:破损破碎、内容外露、泄漏、变形、散捆、污渍、水渍、霉烂、霉味、锈蚀、污染、渗漏、松钉、铅封脱落、内有响声、虫蛀、虫迹、鼠害、发芽、燃烧痕迹等。

在对残损货物进行检验后,要进行准确的批注和记录。记录和批注的要求有:

(1)实事求是地将损坏的程度和范围准确记录,使用查实的数据。不能使用"部分""许多"等含糊词汇。

(2)准确表达残损现象,不能只用"损坏"来表示。

(3)详细记录残损发生的过程,准确、具体地说明原因。

(4)批注和记录应在现场进行,不能事后补办;记录和批注要经责任人或交接对方签认。在签认对方的记录或批注时,可以对有争议的事项进行说明和保留。

六、编制记录

编制记录是指对货物交接和作业、保管中发生或发现的货物损害和短少,为了明确责任和对货物情况进行说明,编制货运记录、货物残损单或者普通记录的商务工作。

(一)编制记录的要求

(1)记录应在发生货运事故或交接、交付时发现货物状态不良时编制。任何一方不得拒编,也不得事后要求补编。

(2)记录内各栏应填写清楚,如有更改,应由交接双方在更改处盖章。

(3)记录的内容应如实填写,做到实事求是,不得凭想象或假设,不得用揣测、笼统词句;

情况要记录得详细、准确、具体。

（4）一张运单或作业委托单有数种品名时,应分别写明情况。

（5）填制记录要做到字迹清楚、语言精练、词句明白。

（6）记录编制后应有两方签章,即由交接双方签章或责任人与编制人签章。若当事人对记录有异议,可在签章时进行批注,表明签章人的意见。

（二）货运记录的编制

1．货运记录的作用

（1）反映货物情况。货运记录是发现货物情况不良时编制的记录,如实地反映货损、货差或不良状态。在进行货物交接时,有不良状态的货物时,接方不能如单证所述的状态收到货物,所编制的货运记录就成为不良货物的说明;接方除接收货物外,还接收记录,作为接到的货物情况说明和证明责任的证据。

（2）查询货物的依据。在运输中造成货损货差或票货分离、票货不符等货运事故的原因很多,可能货物还在前交货人处,货物漏发而出现短少,责任人可以通过查询的方式寻找货物,避免发生货差。对货差、货票不符等货运事故,许多通过查询得以消除。《水路货物运输管理规则》规定:有关当事人接到货运事故查询书以后,应立即认真进行查找,并在接到查询书的10日内将查询结果详细答复查询人。在办理货运事故查询时,查询人要编制"货运事故查询书",并将货运记录附上,作为查询的依据。

（3）处理事故、承担责任的依据。货运记录是现场经双方当事人按照实际情况编制的记录,其内容应准确,对于事故的情况、程度、发生的时间等如实陈述,对明确的责任予以记录,并经双方签署。因此货运记录是分析责任和处理事故的依据,同时也是受损人向责任人索赔的依据,还是责任人处理索赔的依据。

2．货运记录的编制原因和编制记录的当事人

货物在运输和作业过程中发生和发现的溢余、灭失、变质、污染、损坏等事故,涉及承运人与托运人、收货人,港口经营人与作业委托人,承运人与港口经营人之间的责任时,应编制货运记录。具体在以下情况由相关当事人编制货运记录。

（1）货物交接时的货运记录编制。

①货物进港时,港口经营人发现货物与作业委托单不同,有残损差错、包装不符标准或破裂、标志不良等情况,港口经营人与托运人共同编制货运记录。

②货物装船时货物状态不良或货物与运单不符,货物由托运人装船的,承运人与托运人共同编制货运记录;货物由港口装船的,承运人与港口经营人共同编制货运记录。

③货物卸船时,货物与作业委托单不符,港口经营人与承运人共同编制货运记录。

④收货人直取卸船时发现货物与运单不符,收货人与承运人共同编制货运记录。

⑤收货人提货时发现货物与运单不符或有货损货差,收货人向港口提货的,与港口经营人共同编制货运记录;在船边直取提货的,与承运人共同编制货运记录。

⑥按舱封交付的货物,在卸船前发现舱封有异,收货人与承运人共同编制货运记录。

⑦无盖无人驳凭装载现状进行交接,发现装载现状有异状,卸驳港口经营人与拖船共同编制货运记录。

⑧有盖无人驳凭舱封交接的,原封完好,船体完整,到达港卸驳时发现货损、货差时,由

承运人与到达港港口经营人共同编制货运记录。

（2）发生或发现货损货差时的货运记录编制。

①装船时承运人（船舶）发现港口装舱混乱、擅自变更计划图（表）的装船顺序和部位，不能翻舱整理时，应编制货运记录，并交港口经营人签章。

②一张运单的货物退装部分时，应将退装的件数、吨数、退装原因编制货运记录，并由承运人与港口经营人共同签章。

③卸船时承运人发现港口混卸或违章操作，应予以制止，制止无效或已产生损害时应编制货运记录，交港口经营人签章。

④卸船时如在船上发现货物残损、包装破裂、翻钉、松钉、包装内有碎声、分票不清、标志不清、装舱混乱以及不当等，港口经营人应编制货运记录，交承运人签章。

⑤对经过整修包装的货物，发现内容短少、残损，港航双方共同编制货运记录。

⑥货物在港区库场点垛计数的，承运人发现港口做关不准，堆码不标准，无法计数时，应会同港口经营人共同编制货运记录。

⑦成组运输货物在港口卸船当时拆组点数时，发现差错，由到达港港口经营人会同承运人共同编制货运记录。

⑧港口经营人发现非本港货物错运到本港或有货无票、有票无货，应编制货运记录，交来船承运人或转船承运人签章。

3.货运记录的格式与内容

（1）货运记录的格式。货运记录的格式见附录，规格长27cm，宽19cm。

（2）货运记录的内容。

①运输的基本资料：有承运人、船名、航次、托运人、收货人、运单号码、起运港、换装货港、到达港。

②港口作业基本资料：作业委托人、港口经营人、作业委托单号码。

③货物资料：发货符号、货名、件数、包装、计费重量（重量吨、体积立方米）、价值。

④记录内容：有关货运记录编制的原因、损害的发生、程度、产生的原因等。

⑤与本案有关的其他货运记录的编号。

⑥交接双方的签章。

⑦货运记录的编号。

（3）货运记录的编制份数与记录流转。

①装货港入库前发生的货运事故，需编制货运记录一式五份。记录按以下过程流转：作业委托人、起运港港口经营人各一份，其余三份交承运人，承运人自留一份、交到达港港口经营人和收货人各一份。

②货物装船前和装船时发现和发生的状态不良，编制货运记录一式四份：起运港港口经营人和承运人各一份，由承运人交到达港港口经营人和收货人各一份。

③卸船时发现和发生的，编制货运记录一式三份：承运人、到达港港口经营人、收货人各一份。

（4）交付货物时发现和发生的，编制货运记录一式两份：到达港港口经营人和收货人各一份。

(三) 普通记录的编制

1.普通记录的作用

普通记录是在运输中,当事人对货物存在的和发生的特殊情况的说明和记录,以便在交接货物或向收货人交付货物时,对货物中存在的特殊情况进行说明和证明。普通记录不涉及当事人的责任问题,不能作为任何一方的索赔依据。有关责任问题当事人应编制货运记录。普通记录由发现或发生特殊情况时的当事人一方编制,由可以证明的单位或个人签章证明。一般由承运人、港口经营人会同托运人或作业委托人编制普通记录。

2.普通记录的形式与内容

普通记录的格式。规格为长27cm,宽19cm。其内容有:编号、承运人、船名、航次、托运人、收货人、运单号、起运港、换装港、到达港、作业委托人、港口经营人、作业委托单号码、货物资料、证明事项、编制人签章、会同人签章。

3.编制普通记录的原因与份数

(1)托运人按舱封或装载现状与承运人进行交接,以及其他封舱(箱)运输的货物,发生非承运人责任的灭失、短少、变质、污染、损坏和内容不符。

(2)托运人随附在货物运单上的单证丢失。

(3)托运人派人押运和甲板货物发生的非承运人责任造成的损失。

(4)承运人提供的船舶水尺计量数。

(5)货物包装经过加固整理。

(6)收货人、作业委托人要求证明与货物数量、质量无关的其他情况。

普通记录编制的份数与流转的运单份数相同,并随运单交付给有关当事人。

七、理货员岗位工作任务

了解各项管理制度、安全操作规程及生产相关的管理要求,并对现场作业生产进行指导。

(1)作业前,核实装卸作业顺序,确保装船单据与配船顺序票数、件数相符。提前核查现场实货垛,确保件数、规格、材质等信息与单证记载相同无误。认真开好垛前会,将作业标准、要求等相关注意事项向作业人员交待清楚。合理安排接卸货物场地,保障生产作业进行。

(2)装卸作业过程中,与相关单位紧密配合,保障装卸生产的顺利进行。加强监督检查,确保装卸作业货运质量、安全管理无事故。对作业现场周边进行动态管理,及时处理影响作业正常秩序的事情。加强对整个作业流程的掌控,上传下达,与调度部门相互配合,确保生产顺畅平安。及时处理货主、代理投诉建议,并将相关情况上报有关领导。

①卸船、火车作业时,及时分清工、原残,并按规定填写相应单据。

②掌握各种常用工属具安全符合及使用标准,指导现场作业。

③装卸作业过程中,按时检查工属具的安全使用情况,发现损坏等情况立即停止使用,及时制止超负荷作业。

④装船作业过程中,按照船方或外理要求按配载顺序发货。

⑤卸船、火车作业过程中,负责指导作业人员堆码、苫盖货垛,并对货垛堆码、苫盖质量

进行检查,发现问题及时整改。

⑥工作中加强危害辨识,落实危险源控制措施。

⑦作业过程中,随时做到"四标六清",杂物随撒随清,防止污染。

⑧严格执行全生产操作规程及相关规定,在无法确保现场作业安全的情况下,有权停止作业,立即向相关领导汇报,采取有效措施进行控制。

(3)作业结束后,准确统计当班作业数据,公正填写理货单、作业票等数据,确保信息传递准确无误。核实装卸作业信息,对外办理货物交接手续。

①装卸作业后,准确清点核实作业信息,并将相关信息准确填写相关单据,与相关方办理货物交接手续。

②核实作业票等相关信息,及时与相关部门联系,确保作业票所填写信息真实、准确。

③准确统计当班作业信息,并将相关信息反馈公司有关部门,为公司下一步生产安排提供准确的基础支持。

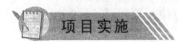

任务一:参加配工会,领取作业任务。

任务二:到达作业区域,开好垛前会。

任务三:商讨理货方法,卸船理货,填写理货单据。

任务四:卸船完毕,与船方办理好交接手续。

完成项目报告。

卸船货物遭水湿事故

2012年8月由某代理的5.5万t玉米船在某码头78泊位卸货。因第二天有3条1500吨的小船要来直取大船的玉米,货主为了抢船期要求港方将大船玉米直接散卸到码头前沿露天场地,然后将大船前移至79泊位,小船靠78泊位直取前沿的玉米。

如果这样做,既可节省公司成本,又能加快装卸效率,满足货主的要求。当时公司不具备怕水湿货物的上述作业流程,要求货主写出书面保函。货主出具书面保函,基本内容为:因工厂急需玉米原料,要求港方在不加任何铺垫和苫盖的情况下将玉米散卸至露天码头,数量为5000t,由此产生的任何经济和法律后果由我方承担一切责任。厂家和该代理签字、盖公章。在收听天气预报无雨的情况下,公司晚上9时开始安排卸货,有关各方面领导当天全部现场盯靠。下半夜3时,货已卸至3500t时,但天气突变,瞬间下起了大雨,3500t玉米全部被水湿透。

如果当班理货员没有完成该船的理货作业,应如何与接班理货员办理交接班?交接班要注意哪些问题?

子项目二 卸船入库货物账务管理

1. 会建立单船台账。
2. 熟知记账员岗位工作任务和相关单据的流转。
3. 培养学生严谨细致认真的工作态度。

建立"港湾"轮的单船台账。

子项目一中"港湾"轮卸船完毕后,理货班组将卸船理货单、运单、交接清单转到库场账务管理部门,账务管理部门根据上述单据建立货物单船台账。

本项目为卸船入库理货作业。主要是考查对理货方法的选用、理货相关单据的填写及交接的办理。

一、记账员岗位工作任务

（1）负责执行港口收费规则,做好货账、单证复核、确认等工作。
（2）负责内、外贸船舶货物的配载。
（3）负责指导和检查班组各种单据、作业项目的正确填写。
（4）负责相关单证及时转递,交接清楚。
（5）负责理货员、保管员单证填报的把关验收,核实单据准确率。
（6）负责使用后出门证的回收、核对及保管;负责手写货物出门证与机打出门证检查核对,并与门卫队做好出门证数字核对,发现问题做到及时上报。
（7）负责车船作业原始资料的保管。

二、卸船货物账务管理

1. 理货单审核

件杂货卸船理货单上交账班,账班管理员要认真审核单据是否填写规范和字迹清晰,外贸船舶作业要有外理理货员签字。严格按照船名和有关单船措施审核卸船提单、标志号、货名、垛号、件数、堆放地点、重量。

根据船名、货种、仓单、理货单建立相关台账。

如有货运质量事故要求理货班编写货运记录或事故报告表,要求有责任人签字认可符合相关规定。

2. 数据输入与核对

货物入账结束后,按照作业班别在库场管理系统上准确输入货名、垛号、区位、件数、重量,作业理货员姓名、港机和船机使用情况,做到与调度配票一致,如有不对及时联系作业理货员查找原因立即整改。

理货数据输入后,按照不同厂家,货名与系统数据认真核对,做到货账总件数、垛号、件数、规格、货位完全相符。如有不同,重新进入公司生产系统修正正确。

3. 账务核对

(1)每天对前一天白班和夜班的作业情况,和分管保管班查货人员仔细核对船名、提单、标志号、货种、垛号、区位、件数、规格,做到现场实货与货账和微机以及作业理货单完全一致。如和保管班在货账上不一致,必须查找当班作业人员查明原因,对账问题必须做到日清日毕,遇到货运事故,立即向上级领导汇报反映。

(2)对账结束后和保管班对账人员分别签字认可。

(3)如有相关事项变动,立即在系统修正,做到完全一致。

4. 装车出库出账

(1)保管班在装车出库作业前,必须把合同软联转交账班。管账人员检查合同是否合乎标准,然后经货物分管负责人签字认可保管班方可从事装车出库作业。

(2)检查转交上来的装车出库理货单是否有货主代理签字、作业时间与装卸班别是否符合要求,单据是否书写规范,字迹是否清晰,货名、垛号、规格是否书写正确、件数和重量是否准确。

(3)根据当班作业的厂家、货名、规格、垛号、件数等在所管货账上一一出账。

(4)保管班转交上来的作业结束的作业合同,检查理货员填写是否正确,然后根据货账上记录的进货时间,在合同上填写入库时间和件数,并写明机械和备品使用情况,结束后把装车出库合同转交公司检算。

(5)现场作业有货运质量事故及时填写正确的事故报告表。

项目实施

任务一:建立卸船入库货物单船台账。

任务二:与现场查货人员核对账目。

任务三:货物提走后更新货物账目并核对确认。

完成项目报告。

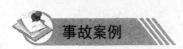

事故案例

一、账务错误导致损失

2003年5月,某港库场理货人员严重失职,将当班装火车发运出港的4800t氧化铝,填写在了倒栈账本上,没有从货主港存账上减数。事后货主公司恶意提走了该货,给公司造成了巨大损失,此事故处理达10年之久。

二、账务管理发现问题单据

2013年3月5日,记账班查账发现3月2/3日夜班理货丙班×××在从事802库"菲斯卡多"轮化肥入库码垛作业中,将"P07垛DC53货场"误写为"DC33货场P09垛",且理货单漏填垛号。

卸完船后的理货单据、运单、交接清单等单据都如何流转?这些单据需要存档吗?

子项目三 出库装车业务

1. 会填写出库理货单、作业工票,并与代理办理好交接。
2. 会规范填写出库货物记录账簿。
3. 掌握保管员岗位工作任务。

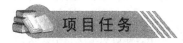

完成"港湾"轮卸船货物的出库装车作业,以及相关单据填写,为出港司机开出门证。

接到出库货物计划,保管员到相应货物堆存位置发货作业,根据代理给的提货合同号、规格、数目完成装车作业,同时填写好相关的理货单据和作业工票,为出港司机开出门证,并将出库货物录入出库记录账簿。

本项目为出库装车理货作业。涉及对港口作业合同知识的应用;理货单、作业工票、出库货物账簿的规范填写;提货后货垛牌的更新;货物交接的办理;出门证的开立等相关作业。

货物出库场前,库场人员应认真地对货物唛头、台账和单证进行核对。
库场人员要认真地与货物接收人按约定的方式进行交接,交接双方签证交接单证,办妥交接手续,填写"货物出库记录"并在台账和垛图上注销。

一、货物出库工作程序

（1）核查提货单，掌握货物出库数量和进度。
（2）确定提货货位，通知调度安排作业机械和人员。
（3）作业前确认货物，收起货垛牌。
（4）作业中点算出库货物，指挥出库作业，根据出库数量控制作业进度。
（5）填写理货单，与对方互签单证。
（6）装车出库货物每车签发放行条（出门证）。
（7）作业完毕，指挥清扫、收集地脚货，并安排随货同行，检查作业线路。
（8）货垛未提完的填写货垛牌并张挂。
（9）汇总理货记录与对方核对，填写报表、货账、交接单等，将资料交给核算、交接组。

二、保管员岗位工作任务

了解各项管理制度、安全操作规程及生产相关的管理要求，并对现场作业生产进行指导。

（1）检查货场、仓库消防设施、照明灯等，做好检查记录。整理货场、仓库货垛，清扫货场、仓库，营造良好堆存环境，保证货物质量。

（2）核对现场实货的数字变动与理货单、作业票数字变动是否一致，做到账货一致，与账班对账。

①查货过程中对新码货垛进行检查验收，发现苫盖、码垛质量等问题，编制整改单通知责任人进行整改，以确保货物的管理。

②查货过程中，发现货垛水湿、货物失盗等，及时通知相关领导，编制货物运输事故报告表。

③建立底账，要确保底账、平面图、实货一致。检查货场、仓库货垛，更新平面图，登记对账本。

（3）接到配船顺序，首先进行核实，确保配船顺序与现场实货垛号、件数、规格、材质等相符，挂红色货垛牌，并用粉笔在篷布上进行标记，以确保夜班装船作业的顺利进行。

（4）装卸作业前，开好垛前会，为作业人员讲明此次作业各类安全质量管理要求，并在作业过程中做好监督检查。

①掌握各种常用工属具安全符合及使用标准，指导现场作业，装卸作业过程中，按时检查工属具的安全使用情况，发现损坏等情况，应及时停止作业，更换工属具。

②合理安排接卸货物场地，保障生产作业进行，对作业现场周边进行动态管理，及时处理影响作业正常秩序的事情。

③卸车入库作业过程中，按照货主或代理要求积理堆码，收发保管，及时分清工、原残，并按规定填写相应单据。

④抓好卸车入库组织衔接，随时向中心汇报现场作业情况，要求放车，确保生产作业的连续性。装车出库作业，准确填写货物出港证，机打出港证人员核对手写出港证、装货通知单等，机打出港证，保证货物准确、安全出港。

⑤负责指导作业人员堆码、苫盖货垛,并对货垛堆码、苫盖质量进行检查,发现问题及时整改。

⑥作业过程中,加强危害辨识,落实危险源控制措施,随时做到"四标六清",杂物随撒随清,防止污染。

⑦严格执行安全生产操作规程及相关规定,在无法确保现场作业安全的情况下,有权停止作业,立即向相关领导汇报,采取有效措施进行控制。

(5)装卸作业后,准确清点核实作业信息,并将相关信息准确填写相关单据,与相关方办理货物交接手续。

①核实作业票等相关信息,及时与相关部门联系,确保作业票所填写信息真实、准确。

②准确统计当班作业信息,并将相关信息反馈公司有关部门,为公司下一步生产安排提供准确的基础支持。

 项目实施

任务一:接收港口作业合同并审查。
任务二:核对代理提供的车号,装车作业。
任务三:理货单、工票填写;开出门证;更新货垛牌。
任务四:将出库货物信息录入货物出库记录账簿。
完成项目报告。

 事故案例

一、"××"轮纸浆错发事故

2007年11月29日夜班,某保管员在货场负责纸浆出库装车作业。至22时,已经装走4车货,而此职工只开出门证,没有复核装车件数,直至装完第5车时,才到垛上点数,发现货垛应余数量与实数不符,短少一件纸浆,造成一起错发货责任事故。

二、装火车货物错发事故

某公司业务员在填写铁路运单时(俗称铁路大票),将"青州市"写成"青洲",使应该发往山东省青州市的货物运到了福建省青洲。

 复习思考题

装车出库后库场管账部门应该如何处理该货物的账务?

项目四 检算业务

学习目标

1. 能根据费收规则列出计费项目。
2. 能区别超重、超长及节假日。
3. 做好吞吐量的统计。

项目任务

根据作业合同、理货单、货物明细及进出口舱单完成库场检算作业。

项目描述

库场检算主要是根据费收规则和库场单据,列出货物的计费项目。主要是区分货物按体积吨、重量吨还是择为大计费,按重量计费是否有超重,货物是否超长,是否是节假日或夜班作业。

项目分析

本项目涉及库场检算业务,要求有责任心,认真仔细,且熟知费收规则。

知识平台

一、港口费收概述

港口费是指港口对货物进行装卸作业和各项服务活动或为船舶提供设备设施和劳务,而向货主或船方收取的各种费用。

1. 港口费用的分类

港口费按费目的业务性质分为:港口劳务费和规费。

港口劳务费,主要包括:装卸费、货物保管费、驳运费、拖船费、过驳费、移泊费、系解缆费、开关舱费、起货机工力费等费目。

规费是指港口主管部门按有关规定向船方或货方征收的港口非劳务费,主要包括:船舶港务费、港口建设费、货物港务费、停泊费等。

按费率的业务性质分为:港口基本费率和附加费。

港口基本费是按货物种类和操作过程所规定的单位费率收取的,现行《港口收费规则》各种费率表中载明的费率都是基本费。

附加费是在特定的条件下,按照基本费的比率增收的费用,如"超长附加费""节假日附加费"等。

按缴付对象来分,分为货物费用和船舶费用。

船舶费用:即向船舶征收的费用,包括移泊费、系解缆费、船舶港务费、停泊费、开关舱费、代理费及杂项作业费等。

货物费用:即向货物征收的费用,包括货物港务费、港口建设费、装卸费、货物保管费、驳运费、过驳费、起货机工力费及杂项作业费等。

2.港口费收依据

目前,我国港口的港口费收基本上是按照原交通部颁布的收费规则执行的。现行的港口收费规则经历了40多年的变化,主要有两部分。

(1)《港口收费规则(外贸部分)》。适用于航行国际航线的船舶及外贸进出口的货物,与香港、澳门之间的运输及涉外旅游船舶的港口收费,除有规定的外,比照本规则办理。

(2)《港口收费规则(内贸部分)》。适用于航行国内航线的船舶及国内运输的货物。按航区可分为:沿海港口收费规则、长江港口收费规则、黑龙江港口收费规则。

港口费收是一项系统性和政策性较强的工作,是港口货运管理的重要组成部分。要保证港口费用不漏收、不少收,维护港口利益,就必须加强港口费收管理,严格费收工作程序。

二、主要港口费用

1.装卸费

装卸费是指港口对进出口货物进行装卸、转栈等作业,按规定向船舶、货主计收的费用。港口在进行装卸作业时,其作业过程以及内容是复杂的,港口所消耗的物化劳动是不一样的,因此不同的货物、不同的包装类型、不同的操作过程,其装卸费率也是不相同的。装卸费的计算方法为:

装卸费=计费吨数×相应的装卸费率

2.货物保管费

货物保管费又称货物堆存费,是港口对港内存放的进出口货物收取的保管费用。货物保管费的收取额取决于货物的种类、货物的堆存地点以及堆存时间的长短。

货物的种类分为:一般货物、一般危险货物、烈性危险货物。

堆存地点分为:仓库、货场、趸驳船。存放在港口货场的货物使用港口垫盖物的,视同存放在仓库计收保管费用。

计费单位分为:重量吨和体积吨两种。

按原交通部部颁标准,沿海港口保管费的计算时间为:

(1)国内外进口货物自每张运单(提单)的货物开始进入库场的第五天起至货物提离库场的当天止;

(2)国内外出口货物自每张运单(提单)的货物开始进入库场的当天起至货物装船的前一天止;

(3)进口转出口的货物,自每张运单(提单)的货物开始进入库场的第五天起至货物装船的当天止;

(4)烈性危险货物和油罐存油按实际存放天数计算。

保管费的费率标准由各港口根据各港实际情况自己制定,并报原交通部备案。

保管费的计费方法是:

货物保管费=被保管货物的吨数×相应的保管费率×保管天数(扣除免费堆存期)

3.港务费

港务费是向进出港口使用港口水域、航道、锚地、码头及其他设备的船舶和经由港口吞吐的货物所征收的费用。设置这一费的目的是补偿有关部门为维持航道、码头及其他设备的良好状态而发生的费用支出,是国家征收的规费。港务费分为船舶港务费和货物港务费两种,船舶港务费向船舶所有人征收。船舶每次进港或出港均按船舶净吨(拖船按马力)各征收一次。

货物港务费是以经由港口吞吐的货物为征收对象。现行的外贸货物港务费共分为三类货物,每类货物都有进口、出口两个标准。其计算公式为:

货物港务费=计费吨×相应的费率

4.停泊费

停泊在港口码头、浮筒的船舶,由码头、浮筒的所属单位按规定征收停泊费,停泊费分生产性停泊和非生产性停泊。

靠泊港口码头,有下列行为的船舶,属非生产性停泊。

(1)装卸货、上下旅客完毕(指办妥交接)4小时后因船方原因继续留泊的船舶;

(2)非港方原因造成的等修、检修的船舶(等装、等卸和装卸过程中的等修、检修除外);

(3)加油加水完毕继续留泊的船舶;

(4)非港口工人装卸的船舶;

(5)国际旅游船舶(长江干线及黑龙江水系涉外旅游船舶除外)。

因港方原因造成船舶在港内留泊,免征停泊费。

5.系解缆费

由港口工人进行船舶系、解缆,按船舶净吨大小,以每系缆一次或解缆一次计收系解缆费。

6.开关舱费

由港口工人开关船舶舱口,不分层次和开关舱次数,卸船分别计收开、关舱费各一次,装船也分别计收开、关舱费各一次。

7.起货机工力费

港口装卸工人操作船舶起货机,按装卸货物吨数向申请人计收的费用。

8.驳运费

使用港口驳船过驳货物,向申请者计收的费用。

9.杂项作业费

港方应船方或货方的申请为船方或货方提供设备或进行其他作业与服务,向申请方收取的费用。较为常见的杂项作业费主要有:拆倒包费、灌包缝包费、分票费、扫舱费、特殊平舱费、工时费、机械租赁费等。

三、港口费收程序

港口费收是一项系统性和政策性较强的工作,是港口货运管理的重要组成部分。要保证港口费用不漏收、不少收,维护港口利益,就必须加强港口费收管理,严格费收工作程序。

(一)港口费收的单证

计费单证是港口费收的基础。计费单证主要包括:载货清单、作业单、超长超重货物清单、火车装卸车清单、杂项作业签证单和系解缆签证单等。

(1)载货清单:是外贸进出口货物计费的凭证。分为进口和出口两种,主要内容有:货名、重量、件数和票数等。由船舶代理部门提供给港口。

(2)货物交接清单:是内贸进出口货物计费的凭证。主要内容有货名、件数、重量、实装和实卸等。一般由船方编制,港船双方共同签认。

(3)港口作业单(现场作业联):用于港口货运部门批注货物在港口现场作业、堆存等情况,主要包括:机械劳力情况、节假日夜班和杂项作业等,是货物在港发生费收项目的现场记录。

(4)超长超重货物清单:是指货物长度超过12m或者重量超过5t的货物明细表,由作业委托人提供,是超长超重货物港口作业计费的依据。

(5)杂项作业签证单:是在货物装卸过程中发生杂项作业的记录。签证单应由申请方签字确认,由港口调度部门传递至计费部门。主要内容包括:船名、作业项目、作业时间和作业工人人数等。

(6)系解缆签证单:由负责船舶系解缆的部门提供。主要内容包括:船名、时间和系解缆的次数等。

(7)堆存记录:是货物在港堆存时间的记录。是收取货物保管费的依据,由港口仓库提供。主要内容包括:船名、货名、吨数以及货物入库和出库的时间等。

(8)火车装、卸车清单:是港口装、卸火车的计费依据。一般由港口调度部门填制。主要内容包括:货名、到发站、收发货人和吨数等。

(二)费收工作的基本程序

1.约定计费方法

作业委托人与港口经营人签订港口作业合同,约定计费方法和计费范围。

计费方法主要有两种:一是按货物在港口的装卸、储存过程中实际发生的作业项目,依据原交通部制定的《港口收费规则》中的费率进行计费,俗称"实报实销"。二是将港口费用采取包干的形式,即作业委托人和港口经营人将货物在港口装卸储运过程中双方可以预见确定发生的计费作业项目一并约定一个总的费率。在双方当事人约定作业包干费率的同时,应约定计费项目包干的范围。如货物在港口实际作业中发生了作业包干费率以外的计费作业项目,双方当事人应对该项目的费率进行单独约定。

在约定港口作业包干费率时,原则上不应包括由港口经营人代收代缴的有关港口规费。因为两者是性质不同的两种费用,前者是经营性收费,而后者是行政性收费。

2.计费工作的实施

(1)将传递到的计费资料按船、货主进行整理分档,确保各种计费资料的完整。

(2) 对整理分档后的计费资料进行核对、检查,保证各种计费资料的准确无误。

(3) 依据港口作业合同中约定的港口作业费率和计费资料记载的货物数量、作业项目等内容计算港口费用。

(4) 对计算后的港口费用进行审核,无误后向作业委托人或者申请方收取费用并开具港口作业发票。

(5) 做好各种计费单证的保管和分送工作。

四、检算员岗位工作内容

(1) 严格厉行港口收费规则,做好检算复核、确认等工作。认真及时核对舱单、运单、交接单(理货单),针对实际作业情况对单据进行数据检算和批注,对信息不符的要及时落实、及时更正。认真核对现场批注,对作业数据严格把关,做到检算数据填写准确、清晰,杜绝数据错误和批注错误。

(2) 深入现场,了解船舶、货物的实际作业过程。掌握设备、特殊货种的实际情况,保证批注准确。遇到设备或特殊货种时能够做到现场实地丈量,确保货物的实际情况和船代、货代提供的数据相符,遇到问题及时更正,做到不错收、不漏收。

(3) 加强与理货员、保管员联系,及时指导和检查各种费收单据作业项目的正确填写。认真检查现场作业单据,对作业数据、作业时间、作业工艺及堆存数据进行准确批注。保证批注后的单据正确无误。

(4) 对现场作业单据的传递进行监控,确保完船单据及时流转。正常情况下保证完船单据2天检算完毕。

(5) 外贸出口班船船舶完船后,做到及时将理货数据与外理进行核对,确保数据无误。

(6) 对船舶单据及理货单据进行妥善保管,确保5年之内单据保存完好。

(7) 船舶作业统计数据做到日录日毕,确保数据准确,为公司月度吞吐量统计上报提供可靠保障。

任务一:根据所给明细(表2-4-1)列出超长货物。

任务二:根据所给明细列出超重货物。

任务三:根据所给明细判断该货物是按重量、体积还是择大计费。

任务四:列出节假、日夜班作业货物量。

完成项目报告。

装 船 明 细 表   表2-4-1

装 船 明 细

船名:港湾 航次:1415 提单号:QDGWJG083001LH

序号	包号	数量	毛重(kg)	长×宽×高(cm)			体积(m³)	堆存位置
1	6P-IDC-032	1	9376	817	240	156	30.588	22/A01/M101
2	6P-IDC-035	1	8455	817	231	150	28.309	
3	6P-IDC-036	1	8891	817	182	180	26.765	

续上表

序号	包号	数量	毛重(kg)	长×宽×高(cm)			体积(m³)	堆存位置
4	6P-IDC-041	1	9052	817	261	154	32.838	
5	6P-IDC-025	1	8363	817	180	150	22.059	
6	6P-IDC-028	1	9190	817	210	150	25.736	
7	6P-IDC-029	1	9185	817	230	158	29.69	
8	6P-IDC-030	1	9189	817	230	146	27.435	
9	6P-IDC-043	1	8910	1005	211	160	33.929	
10	6P-IDC-045	1	9356	817	305	150	37.378	
11	6P-IDC-050	1	4400	430	260	200	22.36	
12	6P-IDC-051	1	5200	200	202	145	5.858	
13	6P-IDC-034	1	9713	900	261	166	38.993	22/A01/M101
14	6P-IDC-044	1	9334	817	305	145	36.132	
15	6P-IDC-052	1	4400	630	235	126	18.654	
16	6P-IDC-053	1	3350	200	202	142	5.737	
17	6P-IDC-031	1	8926	817	230	150	28.187	
18	6P-IDC-037	1	8786	817	192	150	23.53	
19	6P-IDC-038	1	9254	817	210	174	29.853	
20	6P-IDC-040	1	8927	817	250	150	30.638	
21	6P-IDC-026	1	9212	817	210	163	27.966	
22	6P-IDC-027	1	9250	817	210	150	25.736	
23	6P-IDC-033	1	9380	817	250	152	31.046	
24	6P-IDC-039	1	9952	817	250	162	33.089	
25	6P-IDC-042	1	9899	900	261	166	38.993	
26	6P-IDC-048	1	2980	1015	82	65	5.41	
27	6P-IDC-046	1	8958	817	231	166	31.329	22/A01/M102
28	6P-IDC-047	1	5740	800	120	105	10.08	
29	6P-IDC-049	1	5500	885	220	180	35.046	
合计		29	233128				773.364	

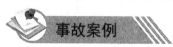

货主虚报事故

2013年6月2日13时30分左右,理货员赵××从事彩虹轮设备作业,装AD06/12B货位B706垛时,发现垛上一件标注676cm×210cm×180cm、件重为10.56t的货物实货与标注不符。经丈量和船边门机称重,为1000cm×210cm×210cm、件重19t。

卸船货物的检算作业是否与装船检算作业相同?如有不同之处请说明。

项目五 货物衡重

1. 能掌握货物集港和疏港时衡重流程。
2. 会填写货物衡重单据。
3. 能够进行货物衡重作业。

根据货主发来的衡重通知单,进行货物衡重作业。

"阳光"轮卸铝矾土5.8万t。铝矾土用汽车疏港,×××有限公司通过公司业务部给计量班送来衡重委托单,要求对整船货物进行衡重作业。

本项目为疏港货物汽车衡重作业,主要涉及衡器的常识、空车的衡重、重车的衡重、计量单据的填写以及衡重费用的计算等知识。

货物的衡重是指衡定货物重量的真实数据。货物的重量是耗费船舶载重的主要因素,运输企业凭以收取运费,制订积载和装卸计划等。

一、衡制

货物的衡重工作通常使用的衡制,一种是公制单位,这是国际上通用的重量单位,如吨(Metric Ton),用m/t表示;一种是美制单位,美洲国家多使用,如短吨(Short Ton),用s/t表示;一种是英制单位,欧美国家多使用,如长吨(Long Ton),用l/t表示。在外贸货运业工作中,几种常用衡制及其换算如表2-5-1所示。

重量单位换算　　　　　　表2-5-1

单位	公斤(kg)	公吨(m/t)	磅(lb)	长吨(l/t)	短吨(s/t)
公斤	—	0.001	2.2046	0.000984	0.0011
公吨	1000	—	2204.6223	0.9842	1.1023

续上表

单位	公斤(kg)	公吨(m/t)	磅(lb)	长吨(l/t)	短吨(s/t)
磅	0.4536	0.000454	—	0.000446	0.0005
长吨	1016.047	1.01605	2240	—	1.12
短吨	907.1849	0.90718	2000	0.8929	—

二、衡重方法

货物的重量可分为净重、皮重(包装重量)和毛重(净重+皮重),货物衡重应以毛重计算(无包装货物例外)。其概念不同于通常供贸易当事人计算货价的"重量鉴定"或"过磅"的概念。衡重为计算运费、配积载之用,以毛重为基础,重量鉴定则为计算货价用,是以净重为基础。货物衡重原则上应逐件衡重,但因条件或时间限制,不具备逐件衡量时可采用整批或分批衡重、抽查衡重、求平均值等方法测得重量。

(1)对品质、规格相同,定量一致的包装货物,可选出一定数量的货件进行衡量,求得平均重量,推算整批的重量(与填报重量误差可在2%以内)。计算公式如下:

$$总毛重 = \left(\frac{抽件总毛重}{抽件数量}\right) \times 整批总件数$$

(2)对由多种包装不同、件重不一的货物组成的一批货,若在包装上标有重量,并且托运单位能提供详细重量明细单者,每批可抽衡5~50件,每件实衡重与提供的重量相差幅度在1%以内,其总重量可按原报重量为准。

(3)对大型重件货物,可采用大型衡器,如汽车衡、轨道衡等衡取重量。计算公式为:

$$总毛重 = 重车重量 - 空车重量$$

(4)散装货物计重,有计重设备的港口可利用各种计量器,如流量计、计量罐等衡取重量。也可采用船舶水尺计量法或油船量尺法确定散装货物的重量。

三、衡器选择和核验

货物的正确重量要通过准确的衡器才能反映,衡器的种类很多,衡重时可按货物重量的大小,选择适当的衡器,一般以衡器的最大衡重量是称量的2~3倍为最适宜。衡器在投入使用前,必须符合鉴定规程的要求,鉴定合格后方可使用,鉴定周期一般为一年。常用的衡器有如下几种。

(1)轨道衡。它是供铁路车辆及其装载货物过磅的衡器。轨道衡的种类很多,但基本上可归纳为机械式、机电结合式和全电子式三种类型。以计量状态分类,则有静态称量和动态称量两种。电子轨道衡是一种应用称重传感器或称重显示仪表的电子式衡器。既可用于静态称量,又可以用于动态称量,即在货车联挂并以一定运行速度通过称台时,自动称量出每节货车的重量,并能自动显示、打印、累计称量数据和车序号。它与机械轨道衡相比,具有称量速度快、效率高、操作简便、减轻劳动强度,利于加速铁路车辆周转等优点,为港口码头、铁路编组站、水陆联运站实现大宗货物快速计量创造了条件。

(2)汽车衡。它是地秤的一种,专门用于各种载货汽车、拖车等车辆装载货物的计量,在港口码头主要用于陆路运输进出港的货物和集装箱的称重计量。汽车衡分为机械式、机电结合式和电子式三种类型。全电子汽车衡是目前应用最广泛的静态计量设备。其结构由钢制的秤体和称重传感器以及称量显示控制仪表所组成。能满足打印、存储及各种累计等要求。如按有无基坑分类,分为无基坑式(无需基坑,承重台面距地面的高度很低,坡道长度也很短)汽车衡和有基坑式汽车衡。目前,国内已出现了动态称量的电子汽车衡。

(3)吊钩秤。它是一种对被称物品处于自由悬吊状态下进行计量的装置,由于搬运方便,使用灵活,被广泛应用于交通运输、港口码头、货物和仓库等处。

吊钩秤就其整体结构而言,可分为机械式、电子式等。应用电子吊钩秤称量,不仅节约了称重所需的时间、人力以及单独称重作业所占据的空间,而且可用于许多必须称重而又不能使用常规衡器的连续生产工艺中,对于提高生产效率、保证产品质量、安全生产和准确计量将起到越来越重要的作用。

(4)皮带秤。它是一种安装在胶带输送机上,并对其输送的散状物料自动地进行快速、连续、累计称量的动态称重设备,用途十分广泛,特别适用于对粒状和粉状物料进行快速、连续自动称量以及运输流量的测算和贸易结算。

皮带秤基本上分为机械式和电子式两大类,目前,电子皮带秤已基本替代了机械式。电子皮带秤按其机械结构形式,可分为单托辊、多托辊、悬臂式和悬浮式等多种类型。皮带秤在使用中要作为贸易结算的计算工具,在鉴定时必须进行实物标定的比对工作,但是随着物料输送量的增大,实物标定就成了令人感到麻烦之事,因此,在一定程度上,也阻碍了大流量电子皮带秤的推广使用。

(5)定量秤。它是一种对粉粒物料进行定量装袋或批量称重的计量设备。在港口主要用于粮食、化肥和氧化铝的定量装袋、卸船和装船的计量。

定量秤的分类方法很多,按其结构形式分类,有机械式、机电结合式和电子式等类型;按使用目的分类,则有散装物料自动定量秤和自动定量装袋秤等。定量秤中的自动定量料斗秤,目前又发展成非定量自动料斗秤,秤量料斗斗容更小,造价更低,使在批量称量的运作中,称量速度更快。

(6)行李包裹秤。它是适用于港口客运码头、机场、车站和邮政对行李包裹进行计量计价的设备。该计量设备是一种应用极为广泛的移动式或者固定式秤,按结构原理可分为机械式、机电结合式和电子式三种类型。电子式台秤则完全取消了杠杆传力系统和杠杆游砣示值形式,由秤体和称重显示仪表两大部分构成。被称物置于承重台上,使置于其下部的称重传力传感器受力而产生微小的电压变化,经称量显示仪表处理而显示出称量值。

随着科学技术的发展,计量设备逐步由通用化发展到专业化,由静态计量逐步发展到快速动态计量。尤其是港口码头,对计量设备的准确度、耐腐蚀性、温湿度适应性、移动性等都提出了新的挑战,迫切希望新型计量设备的推出,不断提高计量现代化水平。

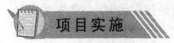

项目实施

任务一:讨论制订货物衡重流程。

任务二:填制衡重单据。

任务三：累计货物重量并计算衡重费用。

完成项目报告。

一、"奋进"轮货物衡重事故

2013年10月12日，某港计量员张×从事"奋进"轮袋装铜精矿汽车疏港衡重作业。汽车鲁BF1358在汽车衡过空时，张×忘记保存空车重量。等到该车在港口52库场装完20集装袋铜精矿前来过重时，张×发现没有空车数据。

二、汽车变更司机事件

2014年4月，汽车鲁C32588前来港口装运大豆，按照货主要求，该车需要进行衡重作业。计量员小陈工作很细心，她对驾驶室观察得很仔细，她发现汽车过空时，驾驶室里坐着一位体重超过90kg的胖司机，但是该车装完货过重时，司机换成了一个体重50kg左右的瘦司机。

2014年6月28日，货主莱芜扬帆贸易有限公司给港口计量部门送来衡重委托单，要求对汽车集港的螺纹钢进行衡重作业。集港货物为8000t，如超出此数量，需要通知货主。你认为本次货物衡重流程与上面项目的衡重流程有什么区别？为保证货物数量的准确性，衡重操作时有哪些注意事项？

附 录

附录一 港口货物作业规则

第一章 总 则

第一条 为了明确水路运输货物港口作业有关当事人的权利、义务,依据有关法律、行政法规,制定本规则。

第二条 在中华人民共和国境内,为水路运输货物提供的装卸、驳运、储存、装拆集装箱等港口作业适用本规则。

第三条 本规则下列用语的含义是:

(一)港口货物作业合同(以下简称作业合同),是指港口经营人在港口对水路运输货物进行装卸、驳运、储存、装拆集装箱等作业,作业委托人支付作业费用的合同。

(二)港口经营人,是指与作业委托人订立作业合同的人。

(三)作业委托人,是指与港口经营人订立作业合同人。

(四)货物接收人,是指作业合同中,由作业委托人指定的从港口经营人处接收货物的人。

第二章 作业合同的订立

第四条 作业合同,应当按照公平的原则订立。

第五条 指令性水路运输货物的港口作业,有关当事人应当依照有关法律、行政法规规定的权利和义务订立作业合同。

第六条 当事人可以根据需要订立单次作业合同和长期作业合同。

第七条 订立作业合同可以采用书面形式、口头形式和其他形式。

书面形式是指合同书、信件和数据电文(包括电报、电传、传真、电子数据交换和电子邮件)等可以有形地表现所载内容的形式。

第八条 作业合同一般包括以下条款:

(一)作业委托人、港口经营人和货物接收人名称;

(二)作业项目;

(三)货物名称、件数、重量、体积(长、宽、高);

(四)作业费用及其结算方式;

(五)货物交接的地点和时间;

(六)包装方式;

(七)识别标志;

(八)船名、航次;

(九)起运港(站、点)(以下简称起运港)和到达港(站、点)(以下简称到达港);

(十)违约责任;

(十一)解决争议的方法。

第九条 采用合同书形式订立作业合同的,自双方当事人签字或者盖章时合同成立。

采用信件、数据电文等形式订立合同的,可以在合同成立之前要求签订确认书。签订确认书时合同成立。

采用合同书形式订立合同,在签字或者盖章之前,当事人一方已经履行主要义务,对方接受的,该合同成立。

第三章 作业合同当事人的权利、义务

第一节 作业委托人

第十条 作业委托人应当及时办理港口、海关、检验、检疫、公安和其他货物运输和作业所需的各种手续,并将已办理各项手续的单证送交港口经营人。

因作业委托人办理各项手续和有关单证不及时、不完备或者不正确,造成港口经营人损失的,作业委托人应当承担赔偿责任。

第十一条 有特殊保管要求的货物,作业委托人应当与港口经营人约定货物保管的特殊方式和条件。

第十二条 作业委托人向港口经营人交付货物的名称、件数、重量、体积、包装方式、识别标志,应当与作业合同的约定相符。

笨重、长大货物作业,作业委托人应当声明货物的总件数、重量和体积(长、宽、高),以及每件货物的重量、长度和体积(长、宽、高)。

作业委托人未按照本条规定交付货物、进行声明造成港口经营人损失的,应当承担赔偿责任。

第十三条 单件货物重量或者长度超过下列标准的,为笨重、长大货物:

(一)沿海:重量5吨,长度12米;

(二)长江、黑龙江干线:重量3吨,长度10米。

各省(自治区、直辖市)交通主管部门对本省内作业的笨重、长大货物标准可以另行规定,并报国务院交通主管部门备案。

第十四条 以件运输的货物,港口经营人验收货物时,发现货物的实际重量或者体积与作业委托人申报的重量或者体积不符时,作业委托人应当按照实际重量或者体积支付费用并向港口经营人支付衡量等费用。

第十五条 需要具备运输包装的作业货物,作业委托人应当保证货物的包装符合国家规定的包装标准;没有包装标准的,应当在保证作业安全和货物质量的原则下进行包装。

第十六条 需要随附备用包装的货物,作业委托人应当提供足够数量的备用包装。

第十七条 危险货物作业,作业委托人应当按照有关危险货物运输的规定妥善包装,制作危险品标志和标签,并将其正式名称和危害性质以及必要时应当采取的预防措施书面通知港口经营人。

第十八条 作业委托人委托货物作业,可以办理保价作业。

货物发生损坏、灭失,港口经营人应当按照货物的声明价值进行赔偿,但港口经营人证明货物的实际价值低于声明价值的,按照货物的实际价值赔偿。

第十九条 在港口经营人已履行本规则第二十六条规定义务情况下,因货物的性质或者携带虫害等情况,需要对库场或者货物进行检疫、洗刷、熏蒸、消毒的,应当由作业委托人或者货物接收人负责,并承担有关费用。

第二十条 港口经营人将货物交付货物接收人之前,作业委托人可以要求港口经营人将货物交给其他货物接收人,但应当赔偿港口经营人因此受到的损失。

第二十一条 作业合同约定港口经营人从第三方接收货物的,作业委托人应当保证第三方按照作业合同的约定交付货物;作业合同约定港口经营人将货物交付第三方的,作业委托人应当保证第三方按照作业合同的约定接收货物。

第二十二条 作业委托人或者货物接收人应当在约定或者规定的期限内交付或者接收货物。

第二十三条 港口经营人交付货物时,货物接收人应当验收货物,并签发收据,发现货物损坏、灭失的,交接双方应当编制货运记录。

货物接收人在接收货物时没有就货物的数量和质量提出异议的,视为港口经营人已经按照约定交付货物,除非货物接收人提出相反的证明。

第二十四条 除另有约定外,作业委托人应当预付作业费用。

第二十五条 作业委托人不履行合同义务或履行合同义务不符合约定的,应当承担继续履行、采取补救措施或者赔偿损失等违约责任。

因不可抗力不能履行合同的,根据不可抗力的影响,部分或者全部免除责任。作业委托人迟延履行后发生可抗力的,不能免除责任。

第二节 港口经营人

第二十六条 港口经营人应当按照作业合同的约定,根据作业货物的性质和状态,配备适合的机械、设备、工属具、库场,并使之处于良好的状态。

第二十七条 港口经营人应当按照作业合同的约定接收货物,港口经营人接收货物后应当签发用以确认接收货物的收据。

单元滚装货物作业以及货物在运输方式之间立即转移的,不适用前款规定。

第二十八条 港口经营人应当妥善地保管和照料作业货物。经对货物的表面状况检查,发现有变质、滋生病虫害或者其他损坏,应当及时通知作业委托人或者货物接收人。

第二十九条 港口经营人应当在约定期间或者在没有这种约定时在合理期间内完成货物作业。

港口经营人未能在约定期间或者合理期间内完成货物作业造成作业委托人损失的,港口经营人应当承担赔偿责任。

第三十条 作业委托人违反本规第十五条、第十七条规定,港口经营人可以拒绝作业。

第三十一条 作业委托人未按照本规则第十七条通知港口经营人或者通知有误的,港口经营人可以在任何时间、任何地点根据情况需要停止作业、销毁货物或者使之不能为害,而委托人对港口经营人因作业此类货物所受到的损失,应当承担赔偿责任。

港口经营人知道危险货物的性质并且已同意作业的,仍然可以在该项货物对港口设施、人员或者其他货物构成实际危险时,停止作业、销毁或者使之不能为害,而不承担赔偿责任。

第三十二条 除另有约定外,散装货物按重量交接;其他货物按件数交接。

港口库场业务

第三十三条　散装货物按重量交接的,货物在港口技术监督部门检验合格的计量器具计量的,重量以该计量确认的数字为准;未经技术监督部门检验合格的计量器具计量的,除对计量手段另有约定外,有关单证中载明的货物重量对港口经营人不构成其交接货物重量的证据。

第三十四条　应作业委托人或者货物接收人的要求,港口经营人可以编制普通记录。

货运记录和普通记录的编制,应当准确、客观。货运记录应当在接收或者交付货物的当时由交接双方编制。

第三十五条　交接集装箱空箱时,应当检查箱体并核对箱号;交接整箱货物,应当检查箱体、封志状况并核对箱号;交接特种集装箱,应当检查集装箱机械、电气装置、设备的运转情况。

集装箱交接状况,应当在交接单证上如实加以记载。

第三十六条　交接时发现集装箱封志号与有关单证记载不符或者封志破坏的,交接双方应当编制货运记录。

第三十七条　货物接收人没有在本规则第二十二条规定的期限内接收货物,港口经营人可以依照有关规定将货物转栈储存,有关费用、风险由作业委托人承担。

第三十八条　货物接收人逾期不提取货物的,港口经营人应当每十天催提一次,满三十天货物接收人不提取或者找不到货物接收人,港口经营人应当通知作业委托人,作业委托人在港口经营人发出通知后三十天内负责处理该批货物。

作业委托人未在前款规定期限内处理货物的,港口经营人可以按照有关规定将该批货物作为无法交付货物处理。

第三十九条　港口经营人交付货物的情况符合《中华人民共和国合同法》第一百零一条规定的条件时,港口经营人可以根据《中华人民共和国合同法》的规定,将货物提存。

第四十条　应当向港口经营人支付的作业费、速遣费和港口经营人为货物垫付的必要费用没有付清,又没有提供适当担保的,港口经营人可以留置相应的运输货物,但另有约定的除外。

第四十一条　港口经营人应当按照作业合同的约定交付货物。

第四十二条　货物接收人接收水路运输货物,港口经营人应当核对证明货物接收人单位或者身份以及经办人身份的有关证件。

第四十三条　港口经营人对收集的地脚货物,应当做到物归原主,不能确定货主的,应当按照无法交付货物处理。

第四十四条　单元滚装运输作业,港口经营人应当提供适合滚装运输单元候船待运的停泊场所、上下船舶和进出港的专用通道;保证作业场所的有关标识齐全、清晰,照明良好;配备符合规范的运输单元司乘人员及旅客的候船场所。

旅客与运输单元上下船和进出港的通道应当分开。

第四十五条　港口经营人对港口作业合同履行过程中货物的损坏、灭失或者迟延交付承担损害赔偿责任,但港口经营人证明货物的损坏、灭失或者迟延交付是由于下列原因造成的除外:

(一)不可抗力;

(二)货物的自然属性和潜在缺陷;
(三)货物的自然减量和合理损耗;
(四)包装不符合要求;
(五)包装完好但货物与港口经营人签发的收据记载内容不符;
(六)作业委托人申报的货物重量不准确;
(七)普通货物中夹带危险、流质、易腐货物;
(八)作业委托人、货物接收人的其他过错。

第四章 港、航货物交接的特别规定

第四十六条 除另有约定外,港口经营人与船方在水路运输货物港口装卸作业过程中的交接,适用本章规定。

第四十七条 船方应当向港口经营人提供配、积载图(表),港口经营人应当按照配、积载图(表)进行作业。船方可以在现场对配、积载提出具体要求。

第四十八条 国际运输以件交接货物、集装箱货物和集装箱,船方应当通过理货机构与港口经营人交接。

前款规定以外的货物和集装箱,船方可以委托理货机构与港口经营人交接。

第四十九条 船方应当向港口经营人预报和确报船舶到港日期,提供船舶规范以及货物装、卸载的有关资料,使船舶处于适合装、卸载作业的状态,办妥有关手续。

第五十条 水路运输货物,港口经营人与船方在船边进行交接。

第五十一条 同品种、同规格、同定量包装的件装货物,船方与港口经营人应当商定每关货物的数量和关型,约定计数方法,逐关进行交接,成组运输货物比照执行。

第五十二条 船方与港口经营人交接国内水路运输货物应当编制货物交接清单。

第五章 附 则

第五十三条 本规则由国务院交通主管部门负责解释。

第五十四条 本规则自2001年1月1日起施行。《关于港口作业事故处理的几项规定》(〔78〕交水运字1914号文颁发试行)、《关于港口作业事故处理的几项补充规定》(〔79〕交水运字1682号文颁发试行)以及本规则施行前交通部发布的其他与本规则不一致的相关规定同时废止。

附:《港口货物作业规则》有关合同、单证推荐格式

港 口 作 业 合 同

作业委托人、港口经营人、货物接收人的有关权利、义务，适用《港口货物作业规则》

编号：

作业委托人	名称		港口经营人	名称	
	地址、电话			地址、电话	
货物接收人	名称		作业项目		
	地址、电话		货物交接地点和时间	接收	
船名		航次		支付	
起运港			到达港		
提运单号	货物名称	件数	包装方式	重量（吨）	体积（长、宽、高）立方米
识别标志					
					作业费用及其结算方式
其他约定					

作业委托人（签章） 港口经营人（签章）
  年 月 日   年 月 日

说明：1. 本合同格式适用于单次港口作业合同。
　　　2. 规格：长19厘米，宽27厘米。

港口作业合同（集装箱）

作业委托人、港口经营人、货物接收人的有关权利、义务，适用《港口货物作业规则》

编号：

作业委托人	名称	
	地址、电话	
货物接收人	名称	
	地址、电话	
港口经营人	名称	
	地址、电话	
作业项目		
货物交接地点和时间	接收	
	交付	
船名		航次
起运港		到达港
货物名称	重量（吨）	件数、包装
箱量、尺寸、箱型		
作业费用及其结算方式		
其他约定		

作业委托人（签章）　　　　　　　港口经营人（签章）
　　　年　月　日　　　　　　　　　　年　月　日

说明：1. 本合同格式适用于单次港口集装箱作业合同。
　　　2. 规格：长19厘米，宽27厘米。

— 147 —

港航非集装箱货物交接清单

编号	运单号码	托运人	收货人	识别标志	货物名称	件数	包装方式	重量(吨)	体积(立方米)	到达港 实装 件数/重量(吨)/体积(立方米)	到达港 实装 状况	到达港 实卸 件数/重量(吨)/体积(立方米)	到达港 实卸 状况

起运港空载吃水： 起运港重载吃水： 到达港重载吃水： 到达港空载吃水：

港口经营人(签章)　　　　船方(签章)　　　　港口经营人(签章)　　　　船方(签章)
　年　月　日　　　　　　年　月　日　　　　　年　月　日　　　　　　年　月　日

说明：规格：宽38厘米，长由各承运人自定。

港航集装箱货物交接清单

船名	航次			起运港				到达港		
编号	运单号码	托运人	收货人	箱号	封志号	尺寸箱型	空/重箱	重量(吨)	实装状况	实卸状况

起运港:　　　　　　　　　　　　　　　　　　到达港:

港口经营人(签章)　　　船方(签章)　　　　港口经营人(签章)　　　船方(签章)

　　年　月　日　　　　年　月　日　　　　　年　月　日　　　　年　月　日

说明:规格:宽38厘米,长由各承运人自定。

附录二 港口收费规则(外贸部分)

第一章 总则

第一条 中华人民共和国港口向航行国际航线的船舶及外贸进出口的货物计收港口费用,均按本规则办理。各港与香港、澳门之间的运输及涉外旅游船舶的港口收费,除另有规定的外,比照本规则办理。

第二条 本规则所订费率,均以人民币元为计费单位。国外付费人以外币按中国人民银行正式兑换率进行清算,国内付费人以人民币进行清算。

第三条 租船合同和运输合同中有关港口费用负担的约定,船方或其代理人应至迟于船舶到港的当天,将有关资料书面送交港口和有关部门,否则向代理人进行清算。船方或其代理人提供的进出口舱单及有关资料有误或需变更的,必须在卸船或装船前书面通知港口和有关部门。

第四条 计费单位和进整办法:

(一)船舶以净吨(无净吨按总吨,也无总吨按载重吨)为计费单位的,不满 1 吨按 1 吨计;以马力(1 马力=0.735 千瓦)为计费单位的,不满 1 马力按 1 马力计。船舶无净吨、总吨和载重吨,则按 500 吨计收港口费用。

(二)以日为计费单位的,除另有规定的外,按日历日计,不满 1 日按 1 日计;以小时为计费单位的,不满 1 小时按 1 小时计,超过 1 小时的尾数,不满半小时按半小时计,超过半小时的按 1 小时计。

(三)集装箱以箱为计费单位。可折叠的标准空箱,4 只及 4 只以下摞放在一起的,按 1 只相应标准重箱计算。

(四)货物的计费吨分重量吨(W)和体积吨(M)。重量吨为货物的毛重。以 1000 千克为 1 计费吨;体积吨为货物"满尺丈量"的体积,以 1 立方米为 1 计费吨。计费单位为"W/M"的货物,按货物的重量吨和体积吨择大计算。订有换算重量的货物,按"货物重量换算表"(表1)的规定计算。

(五)每一提单或装货单每项货物的重量或体积,起码以 1 计费吨计算,超过 1 计费吨的尾数按 0.01 计费吨进整。同一等级的货物相加进整。

(六)每一提单或装货单每项费用的尾数以 1.00 元计算,不足 1.00 元的进整;每一计费单的起码收费额为 10.00 元。

(七)货方或船方应于船舶到港的当天准确提供笨重、危险、轻泡、超长货物的明细资料,否则全部按该提单或装货单货物中最高费率计收费用。

第五条 进出口货物的重量和体积,以提单或装货单所列数量为准。港方对货物的数量可以进行复查。提单或装货单所列数量与复查或抽查数量不符时,以港方与船方、货方或其代理人的复查或抽查数量作为港口计费依据。

第六条 付款人对各种费用除与港方订有协议者外,应当预付或现付,并应在结算当日(法定节假日顺延)一次付清,逾期自结算的次日起按日交付迟付款额5‰的滞纳金。对溢收和短收的各种费用,应在结算后180天内提出退补要求,逾期互不退补。

第七条 船舶到港后,港方根据船方或货方的申请,在中华人民共和国法定节假日以及夜班进行本规则第九、十、十一、十六、十八、十九、二十七、二十九、三十三、三十四、三十五、三十六、三十七、三十八、五十二、五十三、五十四(装卸用防雨设备、防雨罩、靠垫费、围油栏使用费和水费除外)条所列各项作业时,均向申请方计收附加费。节假日、夜班附加费按基本费率的50%计收,节假日的夜班附加费按基本费率的100%计收。夜班每日以8小时计算。节假日及夜班的工班起讫时间,由港务管理部门自行公布执行。

第八条 外国通过中华人民共和国港口以下列方式转往其本国或第三国的货物,为国际过境货物:

(一)水路转水路;

(二)水路转铁路;

(三)铁路转水路;

(四)水路转公路;

(五)公路转水路。

散油、一级危险货物、鲜活、冷冻货物及家禽、牲畜、野生动物,不办理国际过境业务(集装箱货物除外)。

第二章 引航、移泊费

第九条 由引航员引领船舶进港或出港,按下列规定计收引航费:

(一)引航距离在10海里以内的港口,按"航行国际航线船舶港口费率表"(表2)编号1(A)的标准计收;

(二)引航距离超过10海里的港口,除按表2编号1(A)的标准计收引航费外,其超程部分另按表2编号1(B)的标准计收超程部分的引航费;

(三)超出各港引水锚地以远的引领,其超出部分的引航费按表2编号1(A)的标准加收30%;

(四)大连、营口、秦皇岛、天津、烟台、青岛、日照、连云港、上海、宁波、厦门、汕头、深圳、广州、湛江、防城、海口、洋浦、八所、三亚港以外的港口,除按本条(一)、(二)的规定计收引航费外,另据情况可加收非基本港引航附加费,但最高不超过每净吨0.30元。

引航距离由各港务管理部门自行公布,报交通部备案。引航费按第一次进港和最后一次出港各一次分别计收。

第十条 由引航员引领船舶在港内移泊,按表2编号2的规定,以次计收移泊费。

第十一条 由引航员引领船舶过闸,按表2编号1(C)的规定,以次加收过闸引领费。

第十二条 接送引航员不另收费。

第十三条 由拖船拖带的船舶,其引航和移泊费按拖船马力与所拖船舶的净吨相加计算。

第十四条 船舶因引航或移泊使用拖船时,另按拖船出租费率计收拖船使用费。

第十五条 引航和移泊的起码计费吨为500净吨(马力)。

第十六条 因船方原因不能按原定时间起引或应船方要求引航员在船上停留时,按表2编号3的规定计收引航员滞留费。

第十七条 航行国际航线船舶在长江的引航、移泊费,按《航行国际航线船舶长江引航、移泊收费办法》(附录)办理。

第三章 拖 轮 费

第十八条 使用港方拖船时,按"租用船舶、机械、设备和委托其他杂项作业费率表"(表7)的规定,以拖船马力和使用时间,向委托方计收拖船使用费。拖船使用时间为实际作业时间加辅助作业时间。实际作业时间为拖船抵达作业地点开始作业时起,至作业完毕时止的时间;辅助作业时间为拖船驶离拖船基地至作业地点和驶离作业地点返回拖船基地时止的时间。实际作业时间由委托方签认,按实计算;辅助作业时间实行包干,由各港务管理部门综合测算确定,报交通部备案。

第四章 系、解缆费

第十九条 由港口工人进行船舶系、解缆,按表2编号4(A、B、C、D)的规定,以每系缆一次或解缆一次计收系、解缆费。

船舶在港口停泊期间,每加系一次缆绳计收一次系缆费。

第五章 停 泊 费

第二十条 停泊在港口码头、浮筒的船舶,由码头、浮筒的所属部门按表2编号5(A)的规定征收停泊费。

第二十一条 停泊在港口锚地的船舶,由港务管理部门按表2编号5(B)的规定征收停泊费。

第二十二条 船舶在港口码头、浮筒、锚地停泊以24小时为1日,不满24小时按1日计。

第二十三条 停泊在港口码头的下列船舶,由码头的所属部门按表2编号5(C)的规定征收停泊费:

(一)装卸,上、下旅客完毕(指办妥交接)4小时后,因船方原因继续留泊的船舶;

(二)非港方原因造成的等修、检修的船舶(等装、等卸和装卸货物过程中的等修、检修除外);

(三)加油加水完毕继续留泊的船舶;

(四)非港口工人装卸的船舶;

(五)国际旅游船舶(长江干线及黑龙江水系涉外旅游船舶除外)。

第二十四条 由于港方原因造成船舶在港内留泊,免征停泊费。

第二十五条 系靠停泊在港口码头、浮筒的船舶的船舶,视同停泊码头、浮筒的船舶征收停泊费。

第二十六条 船舶在同一航次内,多次挂靠我国港口,停泊费在第一港按实征收,以后的挂靠港给予30%的优惠。

第六章　开、关舱费

第二十七条　由港口工人开、关船舶舱口,不分层次和开、关次数,按表2编号6(A、B)的规定,分别以卸船计收开、关舱费各一次,装船计收开、关舱费各一次。港口工人单独拆、装、移动舱口大梁,视同开、关舱作业,计收开、关舱费。

第二十八条　大型舱口(又称A、B舱)中间有纵、横梁的(包括固定纵、横梁和活动纵、横梁),按两个舱口计收开、关舱费。设在大舱口外的小舱口,按4折1计算,不足4个按1个大舱口计算。

第二十九条　使用集装箱专用吊具进行全集装箱船开、关舱作业,不分开、关次数,按表2编号6(C)的规定,分别以卸船计收开舱费一次,装船计收关舱费一次;只卸不装或只装不卸的,分别计收开、关舱费各一次。

第七章　货物港务费

第三十条　经由港口吞吐的外贸进出口货物和集装箱,按"外贸进出口货物港务费率表"(表3)的规定,以进口或出口分别征收一次货物港务费。

第三十一条　经由港口吞吐的外贸进出口货物和集装箱,先由负责维护防波堤、进港航道、锚地等港口公共基础设施的港务管理部门(港务局)按表3的规定征收货物港务费,然后向码头所属单位(租用单位或使用单位)返回50%,用于码头及其前沿水域的维护。

第三十二条　凭客票托运的行李,船舶自用的燃物料,本船装货垫缚材料,随包装货物同行的包装备品,随鱼鲜同行的防腐用的冰和盐,随活畜、活禽同行的必要饲料,使馆物品,联合国物品,赠送礼品,展品,样品,国际过境货物,集装箱空箱(商品箱除外),均免征货物港务费。

第八章　装　卸　费

第三十三条　散杂货在港口装卸船舶,按"外贸进出口货物装卸费率表"(表4)的规定计收装卸费。

第三十四条　港方可根据作业需要使用船舶或港口起货机械装卸货物。使用船舶起货机械时,除按表4规定的船方起货机械费率计收装卸费外,另按表2编号7(A、B)的规定计收起货机工力费。

第三十五条　申请使用浮吊进行装卸作业的,除按表4规定的船方起货机械费率计收装卸费外,另按实际租费向申请方计收浮吊使用费。经港方同意,使用货方或船方自备浮吊进行作业的,按表4规定的船方起货机械费率计收装卸费。

第三十六条　包装货物在船上拆包装舱或散装货物在舱内灌包后再出舱,除按包装货物计收装船费或卸船费外,另按表7的规定计收拆包、倒包、灌包、缝包费。

第三十七条　散杂货翻装作业,分舱内翻装和出舱翻装。舱内翻装,按表7的规定计收工时费。使用港口机械的,另收机械使用费。出舱翻装,按实际作业所发生的费用计收。

第三十八条　采用"滚上滚下"方式装卸货物和车辆时,使用港方动力和工人作业的,按

表4规定的船方起货机械费率的80%计收装卸费;不使用港方动力,只由港方工人作业的,按表4规定的船方起货机械费率的50%计收装卸费;不使用港方动力和工人作业的,按表4规定的船方起货机械费率的30%计收装卸费。

第三十九条 集装箱在港口的装卸作业,按"外贸进出口集装箱装卸包干费、国际过境集装箱港口包干费率表"(表5)的规定,向船方计收集装箱装卸包干费。

集装箱装卸包干作业包括:

(一)进口重箱:将重箱的一般加固拆除,从船上卸到堆场,分类堆存,从堆场装上货方卡车或送往港方本码头集装箱货运站(仓库),然后将空箱从货方卡车卸到堆场或从港方本码头集装箱货运站(仓库)送回堆场;

(二)出口重箱:将堆场上空箱装上货方卡车或送往港方本码头集装箱货运站(仓库),将重箱从货方卡车卸到堆场或从港方本码头集装箱货运站(仓库)送回堆场,分类堆存,装船并进行一般加固;

(三)进口空箱:将空箱的一般加固拆除,从船上卸到堆场,分类堆存;

(四)出口空箱:将堆场上空箱装到船上,并进行一般加固;

(五)箱体检验、重箱过磅及编制有关单证。

第四十条 集装箱船在非集装箱专用码头装卸集装箱,如船方不提供起舱机械,而由港方提供岸机或浮吊进行装卸时,除按表5的规定计收装卸包干费外,另按其相应箱型装卸包干费率的15%加收岸机使用费;使用浮吊的,另收浮吊使用费。

装卸滚装船装运的集装箱,在集装箱专用码头使用岸机或船机采用"吊上吊下"方式作业的,或在非集装箱专用码头使用船机采用"吊上吊下"方式作业的,按表5的规定计收装卸包干费;在非集装箱专用码头使用岸机采用"吊上吊下"方式作业的,除按表5的规定计收装卸包干费外,另按其相应箱型装卸包干费率的15%加收岸机使用费。如同时使用铲车(叉车)等机械在舱内进行辅助作业时,另收机械使用费。

装卸带有底盘车的集装箱,使用港方拖车进行"滚上滚下"方式作业的,按表5的规定计收装卸包干费;使用船方拖车进行"滚上滚下"方式作业的,按表5规定费率的50%计收装卸包干费。

第四十一条 内支线运输的集装箱在港口的装卸作业,按表5规定费率的90%计收集装箱装卸包干费。

第四十二条 使用驳船进行码头与锚地(或挂靠浮筒)的船舶之间的集装箱装卸作业,除按表5的规定计收装卸包干费外,另按实计收装卸驳船费和驳运费。

第四十三条 在集装箱专用码头上装卸集装箱船捎带的散装杂货不具备"滚上滚下"条件者,装卸费按表4相应货类的费率加倍计收。

第四十四条 集装箱装卸包干作业范围以外的装卸汽车、火车、驳船(不包括拆、加固),按"汽车、火车、驳船的集装箱装卸费及集装箱搬移、翻装费率表"(表6)的规定计收装卸费。

第四十五条 集装箱在码头发生搬移,按表6的规定,以实际发生的搬移次数,向造成集装箱搬移的责任方或要求方计收搬移费。

搬移费适用下列情况:

(一)非港方责任,为翻装集装箱在船边与堆场之间进行的搬移;

(二)为验关、检验、修理、清洗、熏蒸等进行的搬移;

(三)存放港口整箱提运的集装箱超过10天后,港方认为必要的搬移;

(四)因船方或货方责任造成的搬移;

(五)应船方或货方要求进行的搬移。

第四十六条 港方按船方或货方要求,或因船方或货方责任造成的船上集装箱翻装,按表6的规定,以实际发生的翻动次数,向造成集装箱翻装的责任方或要求方计收翻装费。

在非集装箱专用码头进行船上集装箱翻装,如船方不提供起舱机械,而由港方提供岸机或浮吊进行翻装时,除按表6的规定计收翻装费外,使用岸机的,另按其相应箱型装卸包干费率的15%加收岸机使用费;使用浮吊的,另收浮吊使用费。

翻装作业,集装箱需进堆场时,除收取翻装费外,另加收二次搬移费。

第四十七条 集装箱在集装箱货运站(仓库)进行拆、装箱作业,按表7的规定,分别向船方(集装箱货运站交付)或货方(应货方要求进行的)计收拆、装箱包干费。

拆、装箱包干作业包括:

(一)拆箱:拆除箱内货物的一般加固,将货物从箱内取出归垛,然后送到货方汽车上(不包括汽车上的码货堆垛),编制单证及对空箱进行一般性清扫。

(二)装箱:将货物从货方汽车上(不包括汽车上的拆垛)卸到集装箱货运站(仓库)归垛,然后装箱并对箱内货物进行一般加固,编制单证及对空箱进行一般性清扫。

第四十八条 外贸进口货物和集装箱原船未卸中途换单后继续运往国内其他港口,或内贸出口货物和集装箱原船未卸中途换单后继续出口国外港口,到达港或起运港分别按表4和表5的规定计收装卸费和装卸包干费。

第四十九条 空、重集装箱在港口发生干支线中转,由各港根据本港情况自订集装箱中转包干费,报交通部备案。

包干范围:自集装箱开始卸船起,至装上船离港止。

第五十条 国际过境散杂货物,按表4规定费率的70%计收装卸船费。

第五十一条 国际过境集装箱,按表5的规定,向船方计收过境包干费。

包干范围:自集装箱开始卸船(车)起,至装上车(船)离港止。

第九章 工 时 费

第五十二条 港方派装卸技术指导员在船上指导组成车辆、危险货物、超长货物、笨重货物(钢坯、钢锭除外)的装卸作业,按表7的规定计收装卸技术指导员工时费。

第五十三条 应船方或货方的委托进行下列作业,按表7的规定,以实际作业人数,向申请方计收工时费。

(一)在装卸融化、冻结、凝固等货物时,进行的敲、铲、刨、拉等困难作业;

(二)除本规则另有规定的外,进行捆、拆加固,铺舱、隔票、集装箱特殊清洗以及其他杂项作业。

上述作业所需材料由委托方供给。使用港口机械的,另收机械使用费。

第十章 其 他

第五十四条 租用港方船舶、机械、设备,船方或货方委托港方工人进行杂项作业,以及由于船方原因造成港方工作人员待时等,均按表 7 的规定计收费用。

第五十五条 租用码头、浮筒进行供油、供水等作业,由租赁双方协商付费。

第五十六条 通过港区铁路线的集装箱,按"集装箱铁路线使用费、货车取送费率表"(表 8)的规定计收铁路线使用费。

第五十七条 使用港方机车取送的集装箱,按表 8 的规定计收货车取送费。

第五十八条 出口货物或集装箱退关时,按实际发生的作业项目向货方计收费用。

第十一章 附 则

第五十九条 "满尺丈量"是指按中华人民共和国进出口商品检验局颁布的《进出口商品货载衡量检验规程》进行的丈量。

第六十条 本规则按"笨重货物"、"一级危险货物"、"二级危险货物"、"轻泡货物"和"超长货物"计收费用的:

"笨重货物"是指每件货物的重量满 5 吨的货物,但订有换算重量的货物,托盘、集装袋、成组货物、10 吨以下成捆钢材除外。

"一级危险货物"是指《中华人民共和国交通部水路危险货物运输规则》中规定的:爆炸品、压缩气体、液化气体、一级易燃液体、一级易燃固体、一级自燃物品、一级遇潮易燃物品、一级氧化剂、有机过氧化物、一级毒害品、感染性物品、放射性物品、一级腐蚀品。

"二级危险货物"是指《中华人民共和国交通部水路危险货物运输规则》中"一级危险货物"以外的危险货物,但石棉、鱼粉、棉、麻及其他动物纤维、植物纤维、化学纤维不按危险货物计费。

"轻泡货物"是指每 1 重吨的体积满 4 立方米的货物,但订有换算重量的货物及组成车辆、笨重货物除外。

"超长货物"是指每件货物的长度超过 12 米的货物。

第六十一条 本规则未作规定的,按《中华人民共和国交通部港口收费规则(内贸部分)》的规定办理。

第六十二条 本规则由中华人民共和国交通部负责解释。

第六十三条 本规则自 1997 年 6 月 20 日零时起实行。除船舶港务费外,在此之前的有关规定与本规则相抵触的,以本规则的规定为准。

关于修改《中华人民共和国交通部港口收费规则(外贸部分)》的决定

(2001 年 12 月 24 日中华人民共和国交通部令 2001 年第 11 号公布的《关于修改〈中华人民共和国交通部港口收费规则(外贸部分)〉的决定》已于 2001 年 12 月 3 日经第 13 次部务会议通过,自 2002 年 1 月 1 日起施行)

经征得国家发展计划委员会同意,交通部决定对《中华人民共和国交通部港口收费规则(外贸部分)》作如下修改:

一、删去第五十九条。

二、码头、浮筒的生产性停泊费在现行标准的基础上提高 15%,"航行国际航线船舶港口

费率表"(表2)中"停泊费A项"的费率据此由0.20元/净吨(马力)/日修改为0.23元/净吨(马力)/日。

三、集装箱装卸包干费在现行规定标准的基础上提高15%,外贸进出口集装箱装卸包干费、国际过境集装箱港口包干费率表(表5)中的数字据此作相应修改。

四、拖船费在现行规定标准的基础上提高5%,"租用船舶、机械、设备和委托其他杂项作业费率表"(表7)中"拖船"一项的费率据此由0.45元/马力小时修改为0.48元/马力小时。

此外,依据本决定对部分条文的顺序及规则附表作相应调整。

本决定自2002年1月1日起施行。

《中华人民共和国交通部港口收费规则(外贸部分)》根据本决定作相应的修改,重新公布。

附录 航行国际航线船舶长江引航、移泊收费办法

第一条 航行国际航线(包括与香港、澳门之间)的船舶,在长江行驶,由长江引航站引航,其引航费及移泊费的计收按本办法办理。

第二条 需要引航的船舶(或代理人),应在船舶引航前48小时提出申请书一式两份,向长江引航站请派引航员,引航站将申请书一份留查,一份交引航员上船执行任务。任务完毕后,由船舶负责人和引航员在申请单上签证,凭以计费。

第三条 本办法所订费率,均以人民币元为计费单位。国外付费人以外币按中国人民银行正式兑换率进行清算,国内付费人以人民币进行清算。

第四条 计费单位和进整办法:

(一)船舶以净吨(无净吨按总吨,也无总吨按载重吨)为计费单位的,不满1吨按1吨计;以马力(1马力=0.735千瓦)为计费单位的,不满1马力按1马力计。

(二)以日为计费单位的,按日历日计,不满1日按1日计;以小时为计费单位的,不满1小时按1小时计,超过1小时的尾数,不满半小时按半小时计,超过半小时的按1小时计。

第五条 付款人对各种费用除与长江引航站订有协议者外,应当预付或现付,并应在结算当日(法定节假日顺延)一次付清,逾期自结算的次日起按日交付迟付款额5‰的滞纳金。对溢收和短收的各种费用,应在结算后180天内提出退补要求,逾期互不退补。

第六条 由引航员引领船舶在长江行驶,按"航行国际航线船舶长江引航、移泊费费率表"(表9)编号1(A)的规定,按始发地至到达地运价里程(公里)(未规定运价里程的港口按实际里程)及船舶净吨(拖船按马力)以次计收引航费。

第七条 由引航员引领船舶在港内移泊,按表9编号2的规定,以次计收移泊费。

第八条 由引航员引领船舶过桥,按表9编号1(B)的规定,以次加收过桥引领费。

第九条 由引航员引领船舶过闸,按表9编号1(C)的规定,以次加收过闸引领费。

第十条 由拖船拖带的船舶,其引航和移泊费按拖船马力与所拖船舶的净吨相加计算。

第十一条 船舶因引航或移泊使用拖船时,另按拖船出租费率计收拖船使用费。

第十二条 引航和移泊的起码计费吨为500净吨(马力)。

第十三条 船舶在引领行驶中,要求中途停靠港口或变更到达地,按下列规定计费。

(一)中途停靠港口:不论装卸与否,仍按始发地至到达地里程计费。

(二)变更到达地:在船舶未到达原到达地前,按始发地至变更后的到达地全程里程计费;在船舶到达原到达地后,另按原到达地至变更后的到达地间的里程加收。

第十四条 在始发地因船方原因不能按原定时间起引或应船方要求引航员在船上停留时,按表9编号3的规定计收引航员滞留费。

第十五条 船舶引领后,因船方原因临时停航或在中途停靠港口(包括装卸货物,上、下旅客),以及停港等待返程(包括装卸货物,上、下旅客)时间,按表9编号4的规定计收引航员待时费。

因航道水深限制或不能夜航的时间,不计引航员待时费。

第十六条 接送引航员,按表9编号5(A、B)的规定,以每引航一次或每移泊一次计收引航员交通费。

第十七条 在中华人民共和国法定节假日以及夜班应船方要求进行引航或移泊,按表9编号6(A、B)的规定计收引航员附加费。

第十八条 按引航员人数计收滞留费、待时费、附加费,每次以3人为限,超过的人数或实习引航员不计费用。

货物重量换算表　　　　　　　　　　　　　　　　　　　　表1

货物名称	计算单位	换算重量(千克)
骆驼、牛、马、骡、驴	每头	1000
猪、羊、狗、牛犊、马驹、骡驹、驴驹	每头	200
散装的猪崽、羊羔	每头	30
笼装的猪崽、羊羔、家禽、家畜、野兽、蛇、卵蛋	每立方米	500
藤、竹制的椅、凳、几、书架	每只	30
鱼苗(秧、种)	每立方米	800
其他不能确定重量的货物	每立方米	1000
家具(折叠的除外)、各种材料的空容器(折叠的以及草袋、布袋、纸袋、麻袋、塑料袋除外)	自重加两倍	

注:1.自重加两倍的计算方法,是以货物本身毛重再加两倍。例如:如果一只空桶为25千克,自重加两倍即25×3=75千克。

2.订有换算重量的货物,实重大于换算重量时,仍按换算重量计算。

航行国际航线船舶港口费率表　　　　　　　　　　　　　表2

编号	项目	计费单位	费率(元)		说明
1	引航费	净吨(马力)	A	0.50	
		净吨(马力)/海里	B	0.005	
		净吨(马力)	C	0.16	过闸引领
2	移泊费	净吨(马力)		0.22	各港港内移泊
3	引航员滞留费	每人每小时		20.00	

续上表

编号	项 目	计费单位	费率(元)		说 明
4	系、解缆费	每次	A	107.00	2000净吨及2000净吨以下船舶在码头
			B	159.00	2000净吨及2000净吨以下船舶在浮筒
			C	213.00	2000净吨以上船舶在码头
			D	318.00	2000净吨以上船舶在浮筒
5	停泊费	净吨(马力)/日	A	0.23	
			B	0.05	
		净吨(马力)/小时	C	0.15	
6	开、关舱费	每舱口	A	264.00	2000净吨及2000净吨以下船舶
			B	530.00	2000净吨以上船舶
		每块舱盖	C	75.00	全集装箱船使用集装箱专用索具
7	起货机工力费	每重量吨	A	1.08	
		每体积吨	B	0.54	

外贸进出口货物港务费率表 表3

编号	货 类	计费单位	每计费吨(箱) 费率(元)	
			进口	出口
1	煤炭、矿石、矿砂、矿粉、磷灰土、水泥、纯碱、粮食、盐、砂土、石料、砖瓦、生铁、钢材(不包括废钢)、钢管、钢坯、钢锭、有色金属块锭、焦炭、半焦、块煤、化肥、轻泡货物	W	1.40	0.70
		M	0.90	0.45
2	列名外货物	W	3.30	1.65
		M	2.20	1.10
3	一级危险货物、冷藏货物、古画、古玩、金器、银器、珠宝、玉器、翡翠、珊瑚、玛瑙、水晶、钻石、象牙(包括制品)、玉刻、木刻、各种雕塑制品、贝雕制品、漆制器皿、古瓷、景泰蓝、地毯、壁毯、刺绣	W	6.60	3.30
		M	4.40	2.20
集装箱	装载一般货物的集装箱、商品箱	20英尺	40.00	20.00
		40英尺	80.00	40.00
	装载一级危险货物的集装箱、冷藏箱(重箱)	20英尺	80.00	40.00
		40英尺	160.00	80.00

注:1.货物港务费的计费吨按装卸费的计费吨计算。
2.编号1的"化肥",系指农业生产用的化肥,其他用于化工原料的不在此限。
3.编号3的"一级危险货物",不包括农业生产用的化肥农药。
4.原油按编号2"列名外货物"计费。
5.其他集装箱的货物港务费,以其内容积与表列相近箱型集装箱内容积的比例计算。

外贸进出口货物装卸费率表　　　表4

编号	货类	作业过程	船舱⟷船边 船方起货机械 一般货舱	船舱⟷船边 船方起货机械 冷藏舱非货舱	船舱⟷船边 港方起货机械 一般货舱	船舱⟷船边 港方起货机械 冷藏舱非货舱	船边⟷库、场、车、船	计费单位
散装	1	注12	10.40	15.60	13.50	20.30	5.20	
	2	铁矿砂、铁矿粉	6.70	10.05	8.70	13.10	3.35	
	3	注13	16.30	24.50	21.20	31.80	8.15	
	4	糖、大豆、豆粕、大麦、燕麦、黑麦、饲料	14.80	22.20	19.20	28.80	7.40	
包装	5	煤炭、各种矿石（包括块、砂、粉矿）、砂土、盐、化肥	16.30	24.50	21.20	31.80	8.15	
	6	水泥、纯碱、鱼粉	19.40	29.10	25.20	37.80	9.70	W
	7	糖、粮食、大豆、豆粕、大麦、燕麦、黑麦、饲料	18.10	27.20	23.50	35.30	9.05	
	8	钢坯、钢锭、生铁、金属块锭、钢材、钢轨、钢管	16.80	25.20	21.80	32.70	8.40	
	9	废碎金属	24.30	36.50	31.60	47.40	12.15	
	10	笨重货物 设备	41.70	62.6	83.40	125.20	20.85	
		笨重货物 其他	32.10	48.20	64.20	96.40	16.05	
	11	组成车辆 轿车	42.00	63.00	54.60	81.90	21.00	
		组成车辆 其他	32.00	48.00	41.60	62.40	16.00	
其他	12	各种纸、纸浆	18.50	18.50	27.80	24.10	36.20	
	13	橡胶	19.20	19.20	28.80	25.00	37.50	
	14	木材	13.40	13.40	20.10	17.40	26.10	
	15	危险货物 二级	23.80	35.70	30.90	46.40	11.90	W/M
		危险货物 一级	38.40	57.60	49.90	74.90	19.20	
	16	轻泡货物	6.40	9.60	8.30	12.50	3.20	
	17	冷冻货物	23.80	35.70	30.90	46.40	11.90	
	18	列名外货物	14.20	21.30	18.50	27.80	7.10	
			船边法兰盘⟷库、车、船					
			装船			卸船		
散装液体	19	一般液体	17.40			12.30		W
	20	一级危险液体 原油	11.70			9.80		
		一级危险液体 其他	27.10			19.30		

注：1.车（船）直取货物的装卸费按"船舱⟷船边"和"船边⟷库、场、车、船"的费率相加计算。

2.超长货物费率：每件长度超过12米满16米，按相应货类费率加收50%；每件长度超过16米满20米，按相应货类费率加收100%；每件长度超过20米，按相应货类费率加收150%。

3.在港区外的海域进行减载或加载作业，按相应货类费率加收10%。

4.上海港在绿华山过驳散粮，按每吨10元计收减载过驳装卸费。

5.集装袋水泥装卸费按上述包装水泥装卸费率的80%计收。
6.出口原油(经输油管道进港装船)港口包干费,大连港18.10元/吨、秦皇岛港16.10元/吨、青岛港16.50元/吨。
7.海洋外汇原油的装卸费,按本表规定的费率计收;进口原油和海洋外汇原油的过驳包干费,沿海港口每吨18.10元,长江港口每吨20.90元。
8.散装液体如定有明确的"船边交货"条款的,"船边⟷船边法兰盘"或"船边⟷船舱"和"船边⟷库、车、船"的装卸费,分别按表中装船(出口)或卸船(进口)费率的50%计收。
9.木材计费吨的确定。原木:按实际材积每立方米作为1.27计费吨;方木:按实际材积每立方米作为1计费吨;板材:中间无隔垫的,按实际材积每立方米作为1计费吨;中间有隔垫的,由港方与货方协商加成比例;笨重超长木材以每件的实际材积确定,并按实际材积每立方米作为1计费吨。
10.编号1、5的"化肥",系指农业生产用的化肥,其他用于化工原料的不在此限。
11.编号15的"一级危险货物",不包括农业生产用的化肥农药。
12.煤炭、硫酸渣、腐殖酸、矿砂、矿粉(铁矿砂、粉除外)、铁矿石(块矿)、磷灰土、砂土、碎石、卵石、水泥、水泥熟料、盐、化肥、粮食。
13.焦炭、半焦、原矿(块矿)(铁矿石除外)、铜精矿(砂)、硫精矿(砂)、锌精矿(砂)、铅精矿(砂)、块煤、加工成形的石料、砖瓦、氧化铝、纯碱、鱼粉。

外贸进出口集装箱装卸包干费、国际过境集装箱港口包干费率表　　　　　表5

箱　型		装卸包干费(元/箱)	过境包干费(元/箱)
标准箱	20英尺		
	装载一般货物的集装箱	425.50	659.50
	空箱	294.10	503.00
	装载一级危险货物的集装箱	467.90	725.20
	冷藏重箱	467.90	725.20
	冷藏空箱	324.10	502.20
	40英尺		
	装载一般货物的集装箱	638.30	1000.20
	空箱	441.10	768.60
	装载一级危险货物的集装箱	702.00	1088.20
	冷藏重箱	702.00	1088.20
	冷藏空箱	486.10	753.40

注:1.非标准集装箱包干费面议,但最高不超过其相应箱型标准箱包干费的一倍。
　2."非标准集装箱"是指尺寸与标准箱不同的集装箱、变形箱和超限箱,但长宽与标准箱相同的高箱、不调换装卸索具的开顶箱及四周不超限的框架箱,按相应箱型标准箱计费。
　3."超限"是指箱内货物的外形超出了集装箱的尺寸。

汽车、火车、驳船的集装箱装卸费及集装箱搬移、翻装费率表　　　　　表6

箱　型		汽车装卸、搬移、翻装费(元/每箱次)	火车、驳船装卸费(元/每箱次)
标准箱	20英尺		
	装载一般货物的集装箱	49.50	70.20
	空箱	49.50	70.20
	装载一级危险货物的集装箱	53.70	76.50
	冷藏重箱	53.70	76.50
	冷藏空箱	53.70	76.50

续上表

箱 型		汽车装卸、搬移、翻装费(元/每箱次)	火车、驳船装卸费(元/每箱次)
标准箱	40英尺 装载一般货物的集装箱	74.30	105.30
	空箱	74.30	105.30
	装载一级危险货物的集装箱	82.50	115.30
	冷藏重箱	82.50	115.30
	冷藏空箱	82.50	115.30

注：1. 非标准集装箱上述费率面议，但最高不超过其相应箱型标准箱包干费的一倍。
2. "非标准集装箱"是指尺寸与标准箱不同的集装箱、变形箱和超限箱，但长宽与标准箱相同的高箱、不调换装卸索具的开顶箱及四周不超限的框架箱，按相应箱型标准箱计费。
3. "超限"是指箱内货物的外形超出集装箱的尺寸。

租用船舶、机械、设备和委托其他杂项作业费率表　　　表7

项 目		计费单位	费率(元)	备 注
拖船		马力小时	0.48	1. 租用船舶(拖船除外)、机械、设备的计费时间，自开离停泊基地时起，至返回原地时止。如另有任务不返回原地者，至使用完毕时止 2. 租用起重船需要拖船拖带时，另收拖船租费 3. 一般扫舱不包括清洁污水沟，清洁污水沟每舱收费257.00元。一般扫舱和清洁污水沟包括把舱内污物搁置到甲板上。如需清除离船，另收倒垃圾费 4. 倒垃圾不论倾倒次数，每日按一次计收倒垃圾费，但未倒不收费 5. 对洗舱、木屑扫舱以及其他特殊扫舱，按人工计收扫舱费，每个舱口扫舱费起码收费额为429.00元，所需材料费用另加 6. 搭拆、搬运装卸用防雨设备，另按普通工的工时费率计收工时费 7. 特殊平舱是指在散货上面加装货物所进行的平舱和按船方要求进行的其他情况的平舱。但散货在装舱过程中随装随扒，散货装舱完毕后扒平突出舱口的顶尖及为在散货上面装载压舱包所进行的一般扒舱，不作为特殊平舱 8. 由港方供油、供淡水，按中国船舶燃料供应公司的规定执行
起重船	50吨以内	负荷吨时	9.30	
	超过50吨满100吨	负荷吨时	8.30	
	100吨以上	负荷吨时	6.30	
起重机		负荷吨时	4.20	
吸扬机		台时	31.10	
拆包和倒包费		每项每吨	1.40	
灌包和缝包费		每项每吨	1.40	
分票费		每计费吨	5.00	
挑样费		每计费吨	2.00	
一般扫舱		每个舱口	429.00	
拆隔舱板(防动板)		每个舱口	824.20	
特殊平舱		按平舱舱口实装货物吨数的30%计费(每吨)	3.70	
倒垃圾	船运	每次	100.00	
	陆运	每次	40.00	
集装箱拆、装箱包干费	一般货物	每计费吨	12.40	
	冷藏货物	每计费吨	13.50	
	一级危险货物	每计费吨	18.60	
装卸指导员工时费		每人每工时	17.20	
其他作业工时费	普通工	每人每工时	9.20	
	技术工	每人每工时	13.70	
装卸用防雨设备		每舱口日	89.40	
防雨罩		每只每次	35.80	
靠垫费		每只每次	2500.00	
污水处理		每吨	2.20	
围油栏使用费	1000净吨以下船舶	每船每次	3000.00	
	1000~3000净吨船舶	每船每次	3500.00	
	3000净吨以上船舶	每船每次	4000.00	

集装箱铁路线使用费、货车取送费率表　　　　表8

箱 型		铁路线使用费(元/每箱次)	货车取送费(元/每箱千米)
标准箱	20英尺 重箱	4.10	6.00
	20英尺 空箱	1.40	3.60
	40英尺 重箱	8.00	12.00
	40英尺 空箱	2.70	7.20

注：1.非标准集装箱按上述相应箱型标准箱费率计费。
　　2.取送装载一级危险货物的集装箱重箱，其货车取送费按上述费率加收50%。

航行国际航线船舶长江引航、移泊费率表　　　　表9

编号	项 目			计费单位		费率(元)	备 注
1	引航费	起讫航段及里程(公里)					
		吴淞口—南通	102			0.74	
		吴淞口—张家港	144			0.88	
		吴淞口—镇江	279			1.33	
		吴淞口—南京	366			1.62	
		吴淞口—芜湖	460			1.93	
		吴淞口—九江	830			3.16	
		吴淞口—汉口	1099			4.05	
		宝山—南通	96			0.72	
		宝山—张家港	138			0.86	
		宝山—镇江	273	净吨(马力)	A	1.31	
		宝山—南京	360			1.60	
		宝山—芜湖	454			1.91	
		宝山—九江	824			3.14	
		宝山—汉口	1093			4.03	
		浏河口—南通	77			0.66	
		浏河口—张家港	119			0.80	
		浏河口—镇江	254			1.25	
		浏河口—南京	341			1.54	
		浏河口—芜湖	435			1.85	
		浏河口—九江	805			3.07	
		浏河口—汉口	1074			3.97	
		汉口—城陵矶	232			1.17	
		过桥引领			B	0.14	以次加收
		过闸引领			C	0.29	以次加收
2	移泊费			净吨(马力)		0.29	各港港内移泊

续上表

编号	项 目	计费单位	费率(元)		备 注
3	引航员滞留费	每人每小时	27.50		
4	引航员待时费	每人每小时	13.80		
5	引航员交通费	每次	A	437.30	引航一次
			B	109.20	移泊一次
6	引航员附加费	每人每日	A	218.70	节假日
		每人每小时	B	13.80	夜班(22:00~6:00)

注:长江分上、中、下三段引航,各段引航费率计算方法均为基本基价每净吨 0.405 元,加里程基价每净吨公里 0.003315元,计算费率进整到分,分以下四舍五入。

附录三 国内水路货物运输规则

第一章 总则

第一条 为了明确国内水路货物运输有关当事人的权利、义务，保护其合法权益，依据有关法律、行政法规，制定本规则。

第二条 中华人民共和国沿海、江河、湖泊以及其他通航水域中从事的营业性水路货物运输适用本规则。

内河拖航视为水路货物运输，适用本规则。

第三条 本规则下列用语的含义是：

（一）水路货物运输合同（以下简称"运输合同"），是指承运人收取运输费用，负责将托运人托运的货物经水路由一港（站、点）运至另一港（站、点）的合同。

（二）班船运输，是指在特定的航线上按照预定的船期和挂港从事有规律水上货物运输的运输形式。

（三）航次租船运输，是指船舶出租人向承租人提供船舶的全部或者部分舱位，装运约定的货物，从一港（站、点）运至另一港（站、点）的运输形式。

（四）承运人，是指与托运人订立运输合同的人。

（五）实际承运人，是指接受承运人委托或者接受转委托从事水路货物运输的人。

（六）托运人，是指与承运人订立运输合同的人。

（七）收货人，是指在运输合同中托运人指定接受货物的人。

（八）货物，包括活动物和由托运人提供的用于集装货物的集装箱、货盘或者类似的装运器具。

（九）单元滚装运输，是指以一台不论是否装载货物的机动车辆或者移动机械作为一个运输单元，由托运人或者其受雇人驾驶驶上、驶离船舶的水路运输方式。

（十）集装箱货物运输，是指将货物装入符合国际标准（ISO）国家标准、行业标准的集装箱进行运输的水路运输方式。

第二章 运输合同的订立

第四条 运输合同，应当按照公平的原则订立。

第五条 指令性水路货物运输，有关当事人应当依照有关法律、行政法规规定的权利和义务订立运输合同。

第六条 当事人可以根据需要订立单航次运输合同和长期运输合同。

第七条 订立运输合同可以采用书面形式、口头形式和其他形式。

书面形式是指合同书、信件和数据电文（包括电报、电传、传真、电子数据交换和电子邮

件)等可以有形地表现所载内容的形式。

第八条 班船运输形式下的运输合同一般包括以下条款:
(一)承运人、托运人和收货人名称;
(二)货物名称、件数、重量、体积(长、宽、高);
(三)运输费用及其结算方式;
(四)船名、航次;
(五)起运港(站、点)(以下简称起运港)、中转(站、点)(以下简称中转港)和到达港(站、点)(以下简称到达港);
(六)货物交接的地点和时间;
(七)装船日期;
(八)运到期限;
(九)包装方式;
(十)识别标志;
(十一)违约责任;
(十二)解决争议的方法。

第九条 航次租船运输形式下的运输合同一般包括以下条款:
(一)出租人和承租人名称;
(二)货物名称、件数、重量、体积(长、宽、高);
(三)运输费用及其结算方式;
(四)船名;
(五)载货重量、载货容积及其他船舶资料;
(六)起运港和到达港;
(七)货物交接的地点和时间;
(八)受载期限;
(九)运到期限;
(十)装、卸货期限及其计算办法;
(十一)滞期费率和速遣费率;
(十二)包装方式;
(十三)识别标志;
(十四)违约责任;
(十五)解决争议的方法。

第十条 采用合同书形式订立运输合同的,自双方当事人签字或者盖章时合同成立。

采用信件、数据电文等形式订立合同的,可以在合同成立之前要求签订确认书。签订确认书时合同成立。

采用合同书形式订立合同,在签字或者盖章之前,当事人一方已经履行主要义务,对方接受的,该合同成立。

第三章 运输合同当事人的权利、义务

第一节 托 运 人

第十一条 托运人应当及时办理港口、海关、检验、检疫、公安和其他货物运输所需的各项手续,并将已办理各项手续的单证送交承运人。

因托运人办理各项手续和有关单证不及时、不完备或者不正确,造成承运人损失的,托运人应当承担赔偿责任。

第十二条 托运人托运货物的名称、件数、重量、体积、包装方式、识别标志,应当与运输合同的约定相符。

托运人未按前款规定托运货物造成承运人损失的,应当承担赔偿责任。

第十三条 散装货物,托运人确定重量有困难时,可以要求承运人提供船舶水尺计量数作为申报的重量。

第十四条 以件运输的货物,承运人验收货物时,发现货物的实际重量或者体积与托运人申报的重量或者体积不符时,托运人应当按照实际重量或者体积支付运输费用并向承运人支付衡量等费用。

第十五条 需要具备运输包装的货物,托运人应当保证货物的包装符合国家规定的包装标准;没有包装标准的,货物的包装应当保证运输安全和货物重量。

第十六条 需要随附备用包装的货物,托运人应当提供足够数量的备用包装,交承运人随货免费运输。

第十七条 托运危险货物,托运人应当按照有关危险货物运输的规定,妥善包装,制作危险品标志和标签,并将其正式名称和性质以及必要时应当采取的预防措施书面通知承运人。

第十八条 托运人应当在货物的外包装或者表面正确制作识别标志。识别标志的内容包括发货符号、货物名称、起运港、中转港、到达港、收货人、货物总件数。

托运人应当根据货物的性质和安全储运要求,按照国家规定,在货物外包装或者表面制作储运指示标志。

识别标志和储运指示标志应当字迹清楚、牢固。

第十九条 同一托运人、收货人整船、整舱装运的直达运输货物可以不制作识别标志。外贸出口货物到港口不变换原包装的可以使用原包装的商品标志作为识别标志。

第二十条 除另有约定外,托运人应当预付运费。

第二十一条 托运人托运货物,可以办理保价运输。

货物发生损坏、灭失,承运人应当按照货物的声明价值进行赔偿,但承运人证明货物的实际价值低于声明价值的,按照货物的实际价值赔偿。

第二十二条 除另有约定外,运输过程中需要饲养、照料的活动物、有生植物,以及尖端保密物品、稀有珍贵物品和文物、有价证券、货币等,托运人应当向承运人申报并随船押运。托运人押运其他货物须经承运人同意。

托运人应当在运单内注明押运人员的姓名和证件。

第二十三条 托运笨重、长大货物和舱面货物所需要的特殊加固、捆扎、烧焊、衬垫、苫盖物料和人工由托运人负责,卸船时由收货人拆除和收回相关物料;需要改变船上装置的,货物卸船后应当由收货人负责恢复原状。

第二十四条 托运人托运易腐货物和活动物、有生植物时,应当与承运人约定运到期限和运输要求;使用冷藏船(舱)装运易腐货物的,应当在订立运输合同时确定冷藏温度。

第二十五条 托运人托运木(竹)排应当按照与承运人商定的单排数量、规格和以技术要求进行编扎。

托运船舶或者其他水上浮物,应当向承运人提供船舶或者其他水上浮物的吨位、吃水及长、宽、高和抗风能力等技术资料。

在船舶或者其他水上浮物上加载货物,应当经承运人同意,并支付运输费用。

航行中,木(竹)排、船舶或者其他水上浮物上的人员(包括船员、排工及押运人员)应当听从承运人的指挥,配合承运人保证航行安全。

第二十六条 下列原因发生的洗舱费用由托运人或者收货人承担:
(一)托运人提出变更合同约定的液体货物品种;
(二)装运特殊液体货物(如航空汽油、煤油、变压器油、植物油等)需要的特殊洗舱;
(三)装运特殊污秽油类(如煤焦油等),卸后须洗刷船舱。

第二十七条 在承运人已履行本规则第三十条规定义务情况下,因货物的性质或者携带虫害等情况,需要对船舱或者货物进行检疫、洗刷、熏蒸、消毒,应当由托运人或者收货人负责,并承担船舶滞期费等有关费用。

第二十八条 承运人将货物交付收货人之前,托运人可以要求承运人变更到达港或者将货物交给其他收货人,但应当赔偿承运人因此受到的损失。

第二十九条 托运人不履行合同义务或者履行合同义务不符合约定的,应当承担继续履行、采取补救措施或者赔偿损失等违约责任。

托运因不可抗力不能履行合同的,根据不可抗力的影响,部分或全部免除责任。迟延履行后发生不可抗力的,不能免除责任。

第二节 承 运 人

第三十条 承运人应使船舶处于适航状态,妥善配备船员、装备船舶和配备供应品,并使干货舱、冷藏舱、冷气舱和其他载货处所适于并能安全收受、载运和保管货物。

第三十一条 承运人应当按照运输合同的约定接收货物。

第三十二条 承运人应当妥善地装载、搬移、积载、运输、保管、照料和卸载所运货物。

第三十三条 承运人应当按照约定的或者习惯的或者地理上的航线将货物运送到约定的到达港。

承运人为救助或者企图救助人命或生命财产而发生的绕航或者其他合理绕航,不属于违反前款规定的行为。

第三十四条 承运人应当在约定期间或者在没有这种约定时间在合理期间内将货物安全运送到约定地点。

货物未能在约定或者合理期间内在约定地点交付的,为迟延交付。对由此造成的损失,承运人应当承担赔偿责任。

承运人未能在本条第一款规定期间届满的次日起六十日内交付货物,有权对货物灭失提出赔偿请求的人可以认为货物已经灭失。

第三十五条　因不可抗力致使不能在合同约定的到达港卸货的,除另有约定外,承运人可以将货物在到达港邻近的安全港口或者地点卸载,视为已经履行合同。

承运人实施前款规定行为应当考虑托运人或者收货人的利益,并及时通知托运人或者收货人。

第三十六条　托运人违反本规则第十五条、第十七条规定,承运人可以拒绝运输。

第三十七条　托运人未按照本规则第十七条规定通知承运人或者通知有误的,承运人可以在任何时间、任何地点根据情况需要将危险货物卸下、销毁或者使之不能为害,而不承担赔偿责任。托运人对承运人因运输此类货物所受到的损失,应当承担赔偿责任。

承运人知道危险货物的性质并已同意装运的,仍然可以在该项货物对于船舶、人员或者其他货物构成实际危险时,将货物卸下、销毁或者使之不能为害,而不承担赔偿责任。但是,本款规定不影响共同海损的分摊。

第三十八条　货物运抵到达港后,承运人应当在 24 小时内向收货人发出到货通知。到货通知的时间:信函通知的,以发出邮戳为准。电传、电报、传真通知的,以发出时间为准。采用数据电文形式通知的,收件人指定特定系统接收数据电文的,以该数据电文进入该特定系统的时间为通知时间;未指定特定系统的,以该数据电文进入收件人的任何系统的首次时间为通知时间。

第三十九条　根据运输合同的约定应当由收货人委托港口作业的,货物运抵到达港后,收货人没有委托时,承运人可以委托港口经营人进行作业,由此产生的费用和风险由收货人承担。

第四十条　应当向承运人支付的运费、保管费、滞期费、共同海损的分摊和承运人为货物垫付的必要费用以及应当向承运人支付的其他运输费用没有付清,又没有提供适当担保的,承运人可以留置相应的运输货物,但另有约定的除外。

第四十一条　承运人发出到货通知后,应当每十天催提一次,满三十天收货人不提取或者找不到收货人,承运人应当通知托运人,托运人在承运人发出通知后三十天内负责处理该批货物。

托运人未在前款规定期限内处理货物的,承运人可以将该批货物作无法交付货物处理。

第四十二条　承运人交付货物的情况符合《中华人民共和国合同法》第一百零一条、第三百一十六条规定的条件时,承运人可以根据《中华人民共和国合同法》的规定将货物提存。

第四十三条　承运人对收集的地脚货物,应当做到物归原主;不能确定货主的,应当按照无法交付货物处理。

第四十四条　收货人有权就水路货物运单(以下简称运单)上所载货物损坏、灭失或者迟延交付所造成的损害向承运人索赔;承运人可以适用本规则规定的抗辩理由进行抗辩。

第四十五条　承运人将货物运输或者部分运输委托给实际承运人履行的,承运人仍然应当对全程运输负责。

虽有前款规定,在运输合同中明确约定合同所包括的特定的部分运输由承运人以外的指定的实际承运人履行的,合同可以同时约定,货物在指定的实际承运人运输期间发生的损坏、灭失或者迟延交付,承运人不承担赔偿责任。

第四十六条 承运人与实际承运人都负有赔偿责任的,应当在该项责任范围内承担连带责任。

第四十七条 根据本规则第四十六条的规定,当实际承运人承担连带责任时,本规则对承运人责任的有关规定,适用于实际承运人。

承运人承担本规则未规定的义务或者放弃本规则赋予的权利的任何特别协议,经实际承运人书面明确同意的,对实际承运人发生效力;实际承运人是否同意,不影响此项特别协议对承运人的效力。

第四十八条 承运人对运输合同履行过程中货物的损坏、灭失或者迟延交付承担损害赔偿责任,但承运人证明货物的损坏、灭失或者迟延交付是由于下列原因造成的除外:

（一）不可抗力;
（二）货物的自然属性和潜在缺陷;
（三）货物的自然减量和合理损耗;
（四）包装不符合要求;
（五）包装完好但货物与运单记载内容不符;
（六）识别标志、储运指示标志不符合本规则第十八条、第十九条规定;
（七）托运人申报的货物重量不准确;
（八）托运人押运过程中的过错;
（九）普通货物中夹带危险、流质、易腐货物;
（十）托运人、收货人的其他过错。

第四十九条 货物在运输过程中因不可抗力灭失,未收取运费的,承运人不得要求支付运费,已收取运费的,托运人可以要求返还。货物在运输过程中因不可抗力部分灭失的,承运人按照实际交付的货物比例收取运费。

第五十条 散装液体货物只限于整船、整舱运输,由托运人在装船前验舱认可才能装载。

第五十一条 单件货物重量或者长度超过下列标准的,应当按照笨重、长大货物运输:

（一）沿海:重量5吨,长度12米;
（二）长江、黑龙江干线:重量3吨,长度10米。

各省（自治区、直辖市）交通主管部门对本省内运输的笨重、长大货物标准可以另行规定,并报国务院交通主管部门备案。

第五十二条 运输笨重、长大货物,应当在运单内载明总件数、重量和体积（长、宽、高）,并随附清单标明每件货物的重量和体积（长、宽、高）。

第五十三条 承运人在舱面上装载货物,应当同托运人达成协议,或者符合航运惯例,或者符合有关法律、行政法规的规定。

承运人与托运人约定将货物配装在舱面上的,应当在运单内注明"舱面货物"。

第五十四条 承运人依照本规则第五十三条第一款规定将货物装载在舱面上,造成货物损坏、灭失的,不承担赔偿责任。

承运人违反本规则第五十三条第一款规定将货物装载在舱面上,造成货物损坏、灭失的,应当承担赔偿责任。

第五十五条 承运人对运输的活动物、有生植物,应当保证航行中所需的淡水,有关费用由托运人承担。

运输活动物所需饲料,由托运人自备,承运人免费运输。

第五十六条 因运输活动物、有生植物的固有的特殊风险造成活动物、有生植物损坏、灭失的,承运人不承担赔偿责任。但是,承运人应当证明业已履行托运人关于运输活动物、有生植物的特别要求,并证明根据实际情况,损坏、灭失是由于此种固有的特殊风险造成的。

第五十七条 承运人应当将与托运人约定的运输易腐货物和活动物、有生植物的运到期限和运输要求,使用冷藏船(舱)装运易腐货物的冷藏温度,木(竹)排的实际规格,托运的船舶或者其他水上浮物的吨位、吃水及长、宽、高和抗风能力等技术资料在运单内载明。

第四章 运 输 单 证

第五十八条 运单是运输合同的证明,是承运人已经接收货物的收据。

第五十九条 运单内容,一般包括下列各项:

(一)承运人、托运人和收货人名称;

(二)货物名称、件数、重量、体积(长、宽、高);

(三)运输费用及其结算方式;

(四)船名、航次;

(五)起运港、中转港和到达港;

(六)货物交接的地点和时间;

(七)装船日期;

(八)运到期限;

(九)包装方式;

(十)识别标志;

(十一)相关事项。

第六十条 运单应当按照下列要求填制:

(一)一份运单,填写一个托运人、收货人、起运港、到达港;

(二)货物名称填写具体品名,名称过繁的,可以填写概括名称;

(三)规定按重量和体积择大计费的货物,应当填写货物的重量和体积(长、宽、高);

(四)填写的各项内容应当准确、完整、清晰。

第六十一条 承运人接收货物应当签发运单,运单由载货船舶的船长签发的,视为代表承运人签发。

第六十二条 运单签发后承运人、承运人的代理人、托运人、到达港港口经营人、收货人各留存一份,另外一份由收货人收到货物后作为收据签还给承运人。

承运人可以视情况需要增加或者减少运单份数。

第五章 货物的接收与交付

第六十三条 除另有约定外,散装货物按重量交接;其他货物按件数交接。

第六十四条 散装货物按重量交接的,承运人与托运人应当约定货物交接的计量方法,没有约定的应当按船舶水尺数计量,不能按船舶水尺数计量的,运单中载明的货物重量对承运人不构成其交接货物重量的证据。

第六十五条 散装液体货物装船完毕,由托运人会同承运人按照每处油舱和管道阀门进行施封,施封材料由托运人自备,并将施封的数目、印文、材料品种等在运单内载明;卸船前,由承运人与收货人凭舱封交接。

托运人要求在两个以上地点装载或者卸载,或者在同一卸载地点由几个收货人接收货物时,计量分劈及发生重量差数,均由托运人或者收货人负责。

第六十六条 收货人接到到货通知后,应当及时提货,不得因对货物进行检验而滞留船舶。

第六十七条 承运人交付货物时,应当核对证明收货人单位或者身份以及经办人身份的有关证件。

第六十八条 收货人提取货物时,应当验收货物,并签发收据,发现货物损坏、灭失的,交接双方应当编制货运记录。

收货人在提取货物时没有就货物的数量和质量提出异议的,视为承运人已经按照运单的记载交付货物,除非收货人提出相反的证明。

第六十九条 按照约定在提货时支付运费、滞期费和包装整修、加固费用以及其他中途垫款的,应当于办理提货手续时付清。

第七十条 下列情况,应托运人或者收货人的要求,承运人可以编制普通记录:

(一)货物发生损坏、灭失,按照约定或者本规则第四十八条的规定,承运人可以免除责任的;

(二)托运人随附在运单上的单证丢失;

(三)托运人押运和舱面货物发生非承运人责任造成的损坏、灭失;

(四)货物包装经过加固整理;

(五)收货人要求证明与货物数量、质量无关的其他情况。

第七十一条 货运记录和普通记录的编制,应当准确、客观。货运记录应当在接收或者交付货物的当时由交接双方编制。

第七十二条 收货人在到达港提取货物前或者承运人在到达港交付货物前,可以要求检验机构对货物状况进行检验;要求检验的一方应当支付检验费用,但是有权向造成货物损失的责任方追偿。

收货人或者承运人按照前款进行检验的,应当相互提供合理的便利条件。

第六章 航次租船运输的特别规定

第七十三条 本规则第三十条和第三十二条的规定,适用于航次租船的出租人。

本规则其他有关合同当事人之间的权利、义务的规定,仅在航次租船运输形式下的运输合同没有约定或者没有不同约定时适用于出租人和承租人。

第七十四条 出租人应当按照合同的约定提供船舶舱位;经承租人同意,出租人可以更换船舶。但提供的船舶舱位或者更换的船舶不符合合同约定的,承租人有权拒绝或者解除合同。

因出租人责任未提供约定的船舶舱位造成承租人损失的,出租人应当承担赔偿责任。

第七十五条 出租人在约定的受载期限内未提供船舶舱位的,承租人有权解除合同。但是出租人在受载期限内将船舶延误情况和船舶预期抵达起运港的日期通知承租人的,承租人应当自收到通知时起 24 小时内,将解除合同的决定通知出租人。逾期没有通知的,视为不解除合同。

因出租人责任延误提供船舶舱位造成承租人损失的,出租人应当承担赔偿责任。

第七十六条 承租人可以将其租用的船舶舱位转租;转租后,原合同约定的权利、义务不受影响。

第七十七条 承租人应当提供约定的货物;经出租人同意,可以变更货物。但是,更换的货物对出租人不利的,出租人有权拒绝或者解除合同。

因承租人责任未提供约定的货物造成出租人损失的。承租人应当承担赔偿责任。

第七十八条 航次租船运输形式下,收货人是承租人的,出租人与收货人之间的权利、义务根据航次租船运输形式下运输合同的内容确定;收货人不是承租人的,承运人与收货人之间的权利、义务根据承运人签发的运单的内容确定。

第七章 集装箱运输的特别规定

第七十九条 承运人向托运人提供集装箱空箱时,托运人应当检查箱体并核对箱号;收货人返还空箱时,承运人应当检查箱体并核对箱号;

承运人、托运人、收货人对整箱货物,应当检查箱体、封志状况并核对箱号;

承运人、托运人、收货人对特种集装箱,应当检查集装箱机械、电气装置、设备的运转情况。

集装箱交接状况,应当在交接单证上如实加以记载。

第八十条 根据约定由托运人负责装、拆箱的,运单上应当准确记载集装箱封志号;交接时发现封志号与运单记载不符或者封志破坏的,交接双方应当编制货运记录。

第八十一条 根据约定由承运人负责装、拆箱的,承运人与托运人或者收货人对货物进行交接。

第八十二条 集装箱货物需拆箱后转运的,其包装应当符合第十五条的规定。

第八十三条 收货人提取货物后,应当按照约定将空箱归还,超期不归还的,按照约定交纳滞箱费。

第八十四条 集装箱货物装箱时应当做到合理积载、堆码整齐、牢固。

集装箱受载不得超过其额定的重量。

第八章 单元滚装运输的特别规定

第八十五条 单元滚装运输方式下运输合同的履行期间为运输单元进入起运港至离开到达港。

第八十六条 承运人应当对运输单元的表面状况进行验收,发现有异常状况的,应当在运单内载明。

第八十七条 运输单元进入起运港时承运人应当在运单上签注,离开到达港时托运人应当在运单上签注,并将签注后的运单交还给承运人。

第八十八条 单元滚装运输不得运输危险品。

第八十九条 运单上应当载明车牌号码、运输单元的重量、体积(长、宽、高)。

第九十条 托运人对车辆或者移动机械所载货物应当绑扎牢固。

运输单元在船舶上需要特殊加固绑扎的,托运人应当在托运时向承运人提出,并支付相关费用。

承运人应当备妥加固绑扎的物料,并为防止运输单元滑动而进行一般性绑扎和加固。对有特殊绑扎要求的,由双方另行约定。

第九十一条 运输单元驶上或者驶离船舶时,司乘人员应当遵守有关规定,服从船方指挥,按顺序和指定的行车路线行驶。运输单元进入指定的车位后,司机应当关闭发动机,使车辆处于制动状态。

第九十二条 运输单元的实际重量、体积与运单记载不符的,托运人应当按照实际重量或者体积支付运输费用并向承运人支付衡量等费用。

第九十三条 从事单元滚装运输的船舶应当分设供旅客和运输单元上下船的专用通道;船舶只设有一个通道时,旅客与运输单元上下船时必须分流。

承运人应当在船舱内配备照明、通风等设施。

第九章 附 则

第九十四条 水路与其他运输方式之间货物联运中的水路运输、水路军事运输、邮件运输、危险货物运输,除另有规定外,适用本规则。

第九十五条 本规则由国务院交通主管部门负责解释。

第九十六条 本规则自 2001 年 1 月 1 日起施行。《水路货物运输规则》和《水路货物运输管理规则》(交通部〔95〕交水发 221 号)、《国内水路集装箱货物运输规则》(交通部〔1996〕116 号令)、《水路货物滚装运输规则》(交通部 1997 年第 6 号令)、《船舶无法交付货物处理试行办法》(〔88〕交河字 75 号)、《关于沿海航线蜜蜂运输的几项规定》(〔82〕交水运字 729 号)以及本规则施行前交通部发布的其他与本规则不一致的相关规定同时废止。

附 《国内水路货物运输规则》有关合同、单证推荐格式

承运人、实际承运人、托运人、收货人的有关
权利、义务,适用《国内水路货物运输规则》

水路货物运输合同

编号:

托运人	名称				
	地址、电话				
实际承运人	名称				
	地址、电话				
船名		航次		装船日期	
起运港		中转港		到达港		运到期限	
识别标志	货物名称	件数	包装方式	重量(吨)	体积(长、宽、高)立方米
				货物交接地点和时间	接收	
					交付	
						承运人	名称	
							地址、电话	
						收货人	名称	
							地址、电话	
运输费用及其结算方式					
其他约定					

托运人(签章)　　　　　　　　　　承运人(签章)
　年　月　日　　　　　　　　　　　　年　月　日

说明:1. 本合同格式适用于单航次班船运输合同。
　　　2. 规格:长19厘米,宽27厘米。

承运人、实际承运人、托运人、收货人的有关权利、义务,适用《国内水路货物运输规则》

水路货物运输合同(集装箱)

编号:

托运人	名称		承运人	名称	
	地址、电话			地址、电话	
实际承运人	名称		收货人	名称	
	地址、电话			地址、电话	
船名		航次	装船日期	运到期限	货物交接地点和时间	接收
起运港		中转港		到达港		交付
箱量、尺寸、箱型		货物名称	重量(吨)	件数、包装	运输费用及其结算方式
其他约定					

说明:1. 本合同格式适用于单航次集装箱班船运输合同。
      2. 规格:长19厘米,宽27厘米。

托运人(签章)　　承运人(签章)
　年　月　日　　　年　月　日

附录

承运人、实际承运人、托运人、收货人的有关权利、义务,适用《国内水路货物运输规则》

水路货物运单

编号:

托运人	名称		承运人	名称	
	地址、电话			地址、电话	
实际承运人	名称		收货人	名称	
	地址、电话			地址、电话	

船名		航次		装船日期		运到期限		货物交接地点和时间	接收	
起运港		中转港			到达港				交付	

识别标志	货物名称	件数	包装方式	重量(吨)	体积(长、宽、高)立方米	运输费用及其结算方式
相关记载						

说明:1. 本运单格式适用于单航次班船运输。　　承运人(签章)　　收货人(签章)
　　　2. 规格:长19厘米,宽27厘米。　　　　　年 月 日　　　年 月 日

承运人、实际承运人、托运人、收货人的有关权利、义务,适用《国内水路货物运输规则》

水路货物运单(集装箱)

编号:

托运人	名称		承运人	名称	
	地址、电话			地址、电话	
实际承运人	名称		收货人	名称	
	地址、电话			地址、电话	

船名	航次	装船日期	运到期限	货物交接地点和时间	接收
起运港		中转港	到达港		交付

箱号	封志号	尺寸、箱型	货物名称	重量(吨)	件数、包装	运输费用及其结算方式
合计						
相关记载						

说明:1. 本运单格式适用于单航次集装箱班船运输。
　　　2. 规格:长19厘米,宽27厘米。

托运人(签章)　　　承运人(签章)
年　月　日　　　　年　月　日

附 录

货 运 记 录

编号：

交货方		接货方	
运/提单号码	作业合同号码	船名	航次
交接时间	交接地点	车号	
起运港	中转港	到达港	
货物名称	包装方式	识别标志	集装箱号
记录内容			

说明：规格：长 27 厘米，宽 19 厘米。

交货方(签章)   接货方(签章)

 年 月 日   年 月 日

普 通 记 录

编号：

提/运单号码		作业合同号码	
船名		航次	
起运港	中转港		到达港
货物名称	识别标志	件数	重量、体积
记录内容			

说明：规格：长 27 厘米，宽 19 厘米。

记录人（签章）

年　月　日

识 别 标 志

○
发货符号
货物名称： 到达港： 收货人： 货物总件数： 起运港： 中转港：

说明：1. 规格：长 10 厘米，宽 6 厘米。

2. 制作材料应当采用耐雨淋的塑料、布料、纸料或者金属片，素色易辨认。

3. 发货符号应当粗大易认，收货人可写简称，字迹应当粗大。

4. 不得用铅笔填写。

附录四　货物堆码苫盖标准（企业标准）

1.主要内容与适应范围

本标准规定了货物堆码苫盖的具体要求。

本标准适用于××港所属各装卸公司的货物堆码作业。

2.术语

2.1　卧摆

系指轴线平行地面的放置方法。

2.2　立摆

系指轴线垂直地面的放置方法。

2.3　趟

货物的纵向组合排列。

2.4　批

货物的横向组合排列。

3.垫木及三角木楔的要求

3.1　材料为坚硬木质或其他专用衬垫的材料。

3.2　方垫木横截面尺寸范围：0.08×0.08～0.1×0.1（米）。

4.钢材的堆码要求

4.1　钢板

4.1.1　本垛型适用于单片或捆包装，单重相同，规格相同的钢板。

4.1.2　堆码时，钢板长度在4米以下者，垫两根垫木，钢板长度在4～8米之间的垫3根垫木，钢板长度在8米以上的垫4根垫木。

4.1.3　垫木每钩一垫，层层垫木，上下对齐。

4.1.4　钢板两侧最大偏差0.1米。

4.1.5　垛高：1.4～1.6米。

4.2　卷板

4.2.1　本垛型适用于裸装或捆包装的卷板。

4.2.2　垛底卧摆4～6捆，上层在两捆之间压缝卧放，根据件重码2～4层。

4.2.3　垛型要求：两侧整齐。第一层两侧和中间用三角木楔塞牢。

4.2.4　苫盖：货物需苫盖时，要用等外篷布苫盖，特殊要求除外。

4.3　铁皮、马口铁

4.3.1　本垛型适用于裸装或捆包装，单重相同，规格相同的铁皮、马口铁。

4.3.2　利用原包装垫木纵向或横向排列堆码。

4.3.3　垛型要求：四侧整齐，每批码6～8层高。

4.3.4　苫盖：需苫盖时，用等外篷布苫盖，特殊要求除外。

4.4 钢管

4.4.1 钢管(一)

4.4.1.1 本垛型适用于裸支,单重相同,长度 8~12 米的钢管。

4.4.1.2 码十字花垛。各层钢管交叉码时,两侧留出 0.2~0.4 米的空距。

4.4.1.3 垛两面齐,偏差不超过 0.1 米。

4.4.1.4 层层定量,垛四角层层用绳捆绑牢固。

4.4.1.5 垛高:不得超过 2 米。

4.4.2 钢管(二)

4.4.2.1 本垛型适用于捆包装,单重相同,规格相同的钢管。

4.4.2.2 码十字花垛。各层钢管交叉码时,两侧留出 0.2~0.4 米的空距,定层定量。

4.4.2.3 垛两面齐,偏差不超过 0.2 米。

4.4.2.4 垛高:不得超过 2 米。

4.5 圆钢

4.5.1 圆钢(一)

4.5.1.1 本垛型适用于散支,单重相同,规格相同的圆钢。

4.5.1.2 码十字花垛。各层圆钢交叉码时,两侧留出 0.2~0.4 米的空距。

4.5.1.3 垛两面齐,偏差不超过 0.1 米。

4.5.1.4 定层定量,垛四角用绳捆绑牢固。

4.5.1.5 垛高:1.4~1.6 米。

4.5.2 圆钢(二)

4.5.2.1 本垛型适用于捆包装,单重相同,规格相同的圆钢。

4.5.2.2 码十字花垛。各层圆钢交叉码时,两侧留出 0.2~0.4 米的空距。

4.5.2.3 垛两面齐,偏差不超过 0.2 米。

4.5.2.4 垛高:1.4~1.6 米。

4.6 零星小票的钢管、圆钢

4.6.1 本垛型适用于散支,捆装零星小票的钢管、圆钢。

4.6.2 码平台垛。长度在 8 米以下的,垛底摆放 2 根垫木;长度在 8 米以上的,垛底摆放 3 根垫木。

4.6.3 一侧齐,侧面允许偏差 0.2 米,垫木一层一垫,上下对齐。

4.6.4 垛高:1.4~1.6 米。

4.7 盘元

4.7.1 盘元(一)

4.7.1.1 本垛型适用捆包装,单重 1000 公斤以上,规格相同的大盘元。

4.7.1.2 垛型:垛底顺卧摆 3 捆,第二、三层压缝,垛型成 3、2、1 三角形,数量大时,亦可码梯形大垛。

4.7.1.3 底层两侧和中间用三角木楔塞牢。

4.7.2 盘元(二)

4.7.2.1 本垛型适用于捆包装,单重不同,规格不同的小捆盘元。

4.7.2.2　码对趟垛,栏头平摆2捆,垂直码至直径高度,垛身立摆斜靠,上层斜卧压缝。

5.金属块锭堆码要求

5.1　铅锭、铝锭、锌锭、铜锭(一)

5.1.1　本垛型适应于捆包装,单重相同,规格相同的铅锭、铝锭、锌锭、铜锭。

5.1.2　垛型:数量少时,可码双趟踩,垂直3~4层高,中间压缝;数量较大时,亦可根据库场并码大垛,第一、二层垂直堆码,第三、四层压缝。

5.1.3　码垛整齐牢固,四面齐。

5.2　铅锭、铝锭、锌锭、铜锭(二)

5.2.1　本垛型适应于裸块包装,单重相同,规格相同的铅锭、铝锭、锌锭、铜锭。

5.2.2　按照块锭规格层层交叉垂直码10~15层高。

5.2.3　垛型:由每小垛排列码摆成趟,四面整齐。

5.3　钢坯、方钢

5.3.1　本垛型适应于散支、捆装,规格不同,单重不同的钢坯、方钢。

5.3.2　码十字花垛,各层交叉码时,两侧留出0.2~0.4米的空距。

5.3.3　垛两面齐,偏差不超过0.2米。

5.3.4　垛高不超过2米。

6.钢丝绳堆码要求

6.1　钢丝绳

6.1.1　本垛型适应于圆形木板固定包装,单重不同,规格不同的钢丝绳。

6.1.2　垛型:按照件重不同,可卧摆及立摆。码垛四周整齐、牢固。

6.1.3　苫盖:需苫盖时用等外篷布,特殊要求的除外。

7.袋装货物的堆码苫盖要求

7.1　化肥、鱼粉、糖、纯碱

7.1.1　本垛型适用于编织袋包装的单重50千克,网络成组的袋装化肥、鱼粉、糖、纯碱。

7.1.2　钩型:对码两趟,每趟四批,每批五层高,定钩40包,封口向内。

7.1.3　垛型:根据货位情况可码60吨、100吨、120吨三种垛型。

7.1.4　要求:码垛下松上紧,向上逐渐收缩,堆码整齐牢固。

7.1.5　苫盖:铺垫物必须15厘米以上,化肥、鱼粉、纯碱用一等篷布压顶,二、三等篷布围边。糖全部用一等篷布,货垛必须加盖封垛网。

7.2　糖、盐、粮食、棉籽饼、豆粕

7.2.1　本垛型适用于麻袋包装,单重100公斤,网络成组的袋装货物。

7.2.2　钩型:对码两趟,每趟3批,每批3层高,定钩18包,封口向内。

7.2.3　垛型:根据货位情况可码60吨、100吨、120吨三种垛型。

7.2.4　要求:码垛下松上紧,向上逐渐收缩,堆码整齐牢固。

7.2.5　苫盖:铺垫物必须15厘米以上,糖用一等篷布苫盖,盐、粮食、棉籽饼、豆粕用一等篷布压顶,二、三等篷布围边。货垛必须加盖封垛网。

7.3　集装袋货物

7.3.1　本垛型适用于单重相同、规格相同、集装袋包装的水泥、滑石粉等货物。

7.3.2 垛型:根据货位情况分层堆码,层层压缝。

7.3.3 要求:堆码整齐牢固。

7.3.4 苫盖:铺垫必须15厘米以上,一等篷布压顶,二等篷布围边,货垛必须加盖封垛网。

8.桶装货物的堆码要求

8.1 烧碱

8.1.1 本垛型适用于铁桶包装、单重相同、规格相同的烧碱。

8.1.2 垛型:卧摆层层压缝码七层高。底层两端与中间用三角木楔塞牢。码垛整齐牢固,偏差不超过0.1米。

8.2 沥青

8.2.1 本垛型适用于铁桶包装,单重相同,规格相同的沥青。

8.2.2 垛型:立摆堆码,桶盖朝上、层层压缝,码4~5层高。

8.3 花生油、化工品、危险品

8.3.1 本垛型适用于铁桶、铝桶、塑料桶包装,单重相同,规格相同的液体货物。

8.3.2 垛型:立摆两桶对趟垛、桶盖朝上、各垛之间留出0.8~1米的垛距,以便渗漏时将桶放倒。

9.箱装货物

9.1 箱装货物(一)

9.1.1 本垛型适用于纸箱、木箱包装,单重相同,规格相同的箱装货物。

9.1.2 垛型:下层多趟码4~6个高、上层压缝垂直码2~4个高。

9.1.3 要求:码垛四周整齐、箭头向上、封口向上。

9.2 百杂货(二)

9.2.1 本垛型适用于各类包装,单重不同,规格不同的百杂货。

9.2.2 码对趟垛,垛高1.5~2.0米。

9.2.3 要求:重不压轻、木箱不压纸箱,箭头朝上、封口朝上、标志朝外、两侧齐、上部平稳。

10.卷纸、新闻纸

10.1 本垛型适用于规格相同、单重相同的卷筒纸、新闻纸。

10.2 垛型:

(1)卧摆顺层压缝3~5层,依次堆码成梯形货垛。

(2)立摆压缝起脊,不得超过层高。

10.3 要求:卧摆第一层两侧与中间用木楔塞牢。

10.4 苫盖:铺垫必须15厘米以上,新闻纸全部用一等篷布。卷纸用一等篷布压顶,二、三等篷布围边。货垛必须加盖封垛网。

11.纸浆

11.1 本垛型适用于多股铁丝捆绑,单重相同,规格相同的成组纸浆。

11.2 垛型:立码二层高,第二层压缝,第三、四层卧码压缝起脊。

11.3 要求:码垛四面整齐牢固。

11.4　苫盖:铺垫必须 15 厘米以上,用一等篷布压顶,二、三等篷布围边;货垛必须加盖封垛网。

12.板纸

12.1　本垛型适用于带底盘,规格相同的箱板纸。

12.2　垛型:垂直码二层高,第三、四层压缝起脊。

12.3　要求:码垛四面整齐。

12.4　苫盖:铺垫 15 厘米以上,用一等篷布苫盖,货垛必须加盖封垛网。

13.木材堆码要求

13.1　原木

13.1.1　本垛型适用于散支,单重不同、规格不同的原木。

13.1.2　码大趟垛,应尽一侧齐,偏差不超 0.5 米。

13.1.3　要求:垛头垛尾成坡形,高度 2~3 米。

13.1.4　明显超长、超重的原木应单独堆码。

13.2　国内木材

13.2.1　本垛型适用于散支,单重不同,规格不同的国内木材。

13.2.2　码单趟垛,应尽一侧齐,偏差不超 0.5 米。

13.2.3　要求:垛头垛尾成坡型,按票堆码,一票一垛,高度 2~2.5 米。

13.3　胶合板

13.3.1　本垛型适用于捆包装,单重相同,规格相同的胶合板。

13.3.2　垛型:垂直码四层高,第五、六层压缝起脊。

13.3.3　垛型要求:码垛四面整齐牢固,偏差不超 0.1 米。

13.3.4　苫盖:一等篷布压顶,二、三等篷布围边,货垛必须加盖封垛网。

14.散货堆码要求

14.1　矿石、矿粉。

14.1.1　本垛型适用于散装,比重为 1.6~3.1 吨/立方米矿石、矿粉。

14.1.2　垛型:长圆形尖顶垛。

14.1.3　要求:垛高不超过额定最大堆存技术定额,货垛底线距离门机轨道 1.5 米。

附录五　无法交付货物处理办法

关于港口、车站无法交付货物的处理办法

(国家经济委员会经交〔1986〕727号文颁发1987年1月1日起施行)

为确保港、站畅通,加强库场管理,加速物资周转,减少货物损失,迅速、妥善地处理港、站无法交付货物,特制定本办法。

一、凡属下列情况之一者,即为无法交付货物:

(一)到达港口、车站的货物,自承运人向收货人或其代理人发出到货或提货通知之日起(以邮戳为准),超过铁道、交通部门规定的领取期限,又经催询和通知托运人处理而超过一个月仍不领取和处理的货物(海港进口货物中无主货物按国办发〔1984〕107号文有关规定处理)。

(二)港口、车站发现的无票货;运单上的收、发货人姓名不清、地址不详,经查询仍无法查明的货物;或由港、站贴出招领公告(或登报)之日起,超过一个月仍无人领取的货物。

(三)运输部门在沿途拾得的无标志的货物;在港口打捞和挖泥回收的无法辨认和查找发货人的货物;公安部门破获盗窃案件中收回的找不到货主的运输物资。

(四)运输部门在清理库场时收集整理的地脚货物(但在卸车、卸船中清扫收集起来的货底,应按票交给收货人)。

(五)到达港口、车站的进口货物按提单或运单向收货人或其代理人交清后溢余的、在三个月内国外发货人或承运人未提出异议,无人认领的货物。

(六)外贸出口退关、逾期仍不提取的货物。

二、承运人错发、错运、错卸的货物,不得作为无法交付货物处理,应由承运人无偿运到目的地,交给货票上指明的收货人或其代理人;造成货物逾期交付的,应按规定承担经济责任。属于承运人责任造成的无票货物不得作为无法交付货物处理。

三、货物到达港口、车站后,如托运人与收货人之间发生经济纠纷,不论责任在哪一方,收货人都应先把货物接收下来,妥为保管,然后按国家颁发的经济合同法等有关规定妥善处理。收货人不得以经济纠纷为由,把货物积压在车站、港口。

四、为防止无法交付货物的发生,运输部门要做到:

(一)认真把好承运发送关。要有专人指导托运人按运输部门要求填写运单;文字要规范清晰,内容不得遗漏和简略;把好验收关,做到单、货相符;对不按规定填写运单的货物,运输部门可以拒绝受理。

(二)货物到达后,港口、车站要及时通知收货人或其代理人提货,并每旬催提一次,经催提仍不领取且超过第一条第一款规定的,即按无法交付货物处理。在规定期限内,货主或其代理人讲明理由,要求延长货物领取期限的,不得按无法交付货物处理。但为保证港站畅通,可在当地经委(交委、交办、下同)组织下转栈存放,转栈费由货主负担。

(三)鲜活、易腐等不宜长期保管的货物,运输部门要及时通知货主提货;易燃、易爆、放射性、剧毒物品等按照《危险品运输规则》有关规定及时办理,逾期不提的即按无法交付货物处理。

(四)对于盗窃、私分和蓄意造成无法交付货物的单位和个人,查明后要追究责任,严肃处理。

五、无法交付货物的处理

(一)运输部门对无法交付的货物要认真做好清点、查对、登记、造册和保管工作。在保管期内仍要努力寻找线索,尽力做到物归原主。

(二)无法交付的货物,由运输部门开列清单,报地(市)以上(含地、市)经委(交委、交办)或由地(市)以上经委委托的县(市)委审核批准处理。进口货物中无法交付货物,由运输部门开列清单,会同海关、外运公司、保险部门研究提出意见报地(市)经委或由地(市)经委指定的县(市)经委审核批准处理。

(三)无法交付的鲜活、易腐、易燃、易爆、放射性、剧毒等货物,由运输部门开列清单,迅速报当地县(含县)以上经委批准处理。当地经委要及时作出处理决定。在当地经委作出处理决定前,如运输部门发现货物有变质、燃烧、爆炸和泄漏等危险情况时,可先行处理,事后报告。

(四)无法交付货物由港口、车站向有关物资单位有价移交,但进口货物要尽先有偿交给外贸部门。接收单位要做好质量检查,全部按质论价接收。军用物资、历史文物、珍贵图书、重要资料和违禁物品等,应分别向省(军)级的军事、公安、文化等主管部门无价移交,不得交给其他单位。

(五)物资主管部门在接到移交通知后一个月内完成接收工作。过期不接收时,经县(含县)以上经委批准,由运输部门负责处理。

(六)无法交付货物由当地经委会同有关部门本着按质论价的原则进行处理。对价格有不同意见时,由当地物价部门裁决。质次滞销的物品,经物价部门批准削价处理。

(七)处理无法交付货物所得货款,应先扣除该货物的运输、装卸、储存、清扫、洗刷、广告及其他劳务费用,进口货物还应按规定扣除关税和其他税款;对处理或销毁无法交付的危险货物和变质、滞销货物所发生的入不敷出的金额,可在处理无法交付货物总收入中扣除;剩余部分可提取不超过百分之三的专项奖励基金,奖励有关人员;其余款项就地交入金库,处理单位属中央企业的交中央金库,属地方企业的交地方金库。

六、到达港口、车站的货物,收货人或其代理人拒收的,港口、车站应报当地经委强制收货人按期提货;超过铁道、交通部门规定的提货期限的,按有关规定加收堆存费;超过一个月不提货的,港口、车站可在当地经委组织下转栈,转栈费由货主负担,拒付转栈费的,经当地经委批准,由银行强制划转。

七、因运输部门的责任发生的货损货差,由运输部门按规定向收货人赔偿,不得动用无法交付货物及处理无法交付货物款抵补。

八、无法交付货物处理后,货主要求归还货物或价款时,一律不予受理。

九、本办法自1987年1月1日起施行,《关于处理港口、车站无法交付货物暂行办法》同时废止。

本办法解释权属国家经委。

参 考 文 献

[1] 王有江.港口库场业务[M].北京:中国经济出版社,2008.
[2] 孙国庆.港口危险货物安全管理与安全技术[M].北京:人民交通出版社,2013.
[3] 杨茅甄.件杂货港口管理实务[M].上海:上海人民出版社,2009.
[4] 宗蓓华,真虹.港口装卸工艺[M].北京:人民交通出版社,2003.
[5] 腾连爽.货物学[M].北京:中国经济出版社,2008.
[6] 王跃文.仓储质押融资——物流高端领域的生力军[EB/OL]湖南:湖南物流网.